1쇄 발행 2017년 5월 5일
9쇄 발행 2025년 10월 13일

지은이   서해경
그린이   이경석
펴낸이   이학수
펴낸곳   키큰도토리
편집   오세경, 민가진
디자인   박정화

출판등록   제395-2012-000219호
주소   10543 경기도 고양시 덕양구 청초로 66, B-617호
전화   070-4233-0552
팩스   0505-370-0552
전자우편   kkdotory@daum.net
홈페이지   www.kkdotori.com
블로그   blog.naver.com/kkdotory
페이스북   facebook.com/kkdotory
인스타그램 instagram.com/kkdotori

* 책값은 뒤표지에 있습니다.
* 잘못된 책은 구입처에서 교환하여 드립니다.
* 이 책은 저작권자와 계약에 따라 발행한 것이므로 본사의 허락 없이는 어떠한 형태나 수단으로도 이 책의 내용을 이용하지 못합니다.

ⓒ 서해경·이경석, 2017
ISBN 978-89-98973-24-7 74340
     978-89-98973-21-6(세트)

어린이제품안전특별법에 의해 제품표시	
제조자명 키큰도토리	**전화번호** 070-4233-0552
제조국명 대한민국	**주소** 경기도 고양시 덕양구 청초로 66, B-617호
사용연령 만 9세 이상 어린이 제품	

통 신문 시리즈 2 선거와 민주주의

비밀투표와 수상한 후보들

글 서해경 | 그림 이경석

키큰도토리

| 작가의 말 |

오성시는 논과 밭, 바다와 산이 사이좋게 어우러진 덕분에 신선한 농산물과 해산물, 축산물이 풍부한 곳이에요. 먹을거리가 풍부한 오성시에 '통클럽'이란 먹자 동호회가 있어요. 통클럽은 몸무게가 100킬로그램이 넘는 사람만 가입할 수 있죠.

이 통클럽 회원들이 바로 〈통신문〉의 기자들이에요. 유별나게 정의롭고, 오성시를 사랑하는 통클럽 회원 몇 사람이 감자탕을 먹다 말고 의기투합하여 〈통신문〉을 만들었답니다.

〈통신문〉 기자들은 시민이 행복한 오성시, 정의가 상식처럼 흐르는 오성시를 만들기 위해 집요하게 오성시의 문제를 찾아서 시민들에게 진실을 알리죠. 이번에도 〈통신문〉은 오성시장의 비리를 밝혔고, 그로 인해 오성시장은 쫓겨났어요. 이제 새 오성시장을 뽑을 보궐선거가 시작되지요. 〈통신문〉은 오성시장 선거에 맞춰 '특별호'를 발간하기로 해요. 『비밀투표와 수상한 후보들』은 오성시장을 뽑는 선거 과정을 담고 있어요.

여러분도 학교에서 반장이나 회장을 뽑는 선거를 하죠? 여러분은 어떤 후보를 선택하나요? 공부 잘하는 친구, 책임감이 강한 친구, 성격이 좋은 친구를 선택하나요? 혹시 제일 친한 친구, 예쁘고 잘생긴 친구를 선택하지는 않나요?

선거를 '민주주의의 꽃'이라고도 해요. 국민이 국가의 주인이고, 국가는 국민의 행복을 위해 있는 것이고, 국민이 스스로 국민을 다스리는 것을 민주주의라고 하지요. 하지만 수많은 국민들이 직접 국가를 다스릴 수는 없잖아요. 그래서 선거를 통해, 국민을 대신할 대표를 선택하는 거예요.

선거는 참 중요해요. 우리가 어떤 국가에서 살게 될지를 결정하는 것이니까요. 우리가 뽑은 대표들이 우리를 무시하거나 속이고, 자기 이익만

쫓을 수도 있어요. 국민을 공포 속에 몰아넣을 수도 있고, 불행하게 만들 수도 있지요.

독일 국민이 선거를 통해서 뽑은 히틀러는 독일인을 전쟁 범죄자로 만들고, 전 세계를 전쟁 속으로 몰아넣었어요. 대한민국 역시 국민의 자유를 빼앗긴 시기가 있었어요. 여러분의 부모님이 어렸을 적엔, 마을 곳곳에 태극기 게양대가 있었어요. 오후 5시면 태극기를 내렸는데, 그때마다 온 국민이 꼼짝도 하지 않고 오른손을 가슴에 댄 채 태극기를 향해 경례해야 했어요. 지금은 상상하기도 힘든 일이죠?

오성시장이 되겠다고 세 사람의 후보가 나섰어요. 오성시에서 제일 큰 부자인 표만복, 인기 아나운서 출신 김수현, 전국대

학생연합 회장이었던 최민중이 그들입니다. 오성 시민이 자유롭고, 평등하게 그리고 행복하게 사는 오성시를 만들 후보는 누구일까요? 오성 시민은 어떤 후보를 시장으로 선택할까요? 『비밀투표와 수상한 후보들』을 읽으며 우리도 선택해 봐요.

서해경

**뻥제로신문 통신문!!
통통한 기사 통신문!!**

구독문의 070-123-4567

통

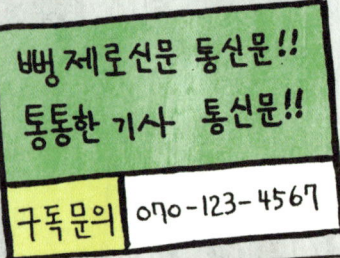

표만복

'통클럽'의 초대 회장이자, 오성시에서 가장 큰 만복건설의 사장. 오성시를 위해서라면 어떤 일에든 발 벗고 나서는 맘 좋은 애향 시민인 줄 알았으나 뭔가 수상하다. 오성시장 보궐선거에 무소속으로 출마한다.

김수현
공영 방송의 인기 아나운서 출신. 보호당의 후보로 선거에 출마한다. 깔끔한 외모와 지적인 목소리로 여심을 흔든다. 하지만 선거가 진행될수록 그가 이미지 정치인이었음이 드러난다.

최민중

과거, 대학생들 사이에서 '전설'로 불렸던 전국대학생연합 회장이었으며, 최연소 국회의원을 지냈다. 정치를 하지 않은 지 십여 년 만에 홀연히 오성시장 보궐선거에 주민당 후보로 나타났다.

황소

〈통신문〉의 취재부장으로, 별명은 통 대장. 과거, 대학 2학년 때 시위에는 관심도 없다가 학생식당의 일방적인 가격 인상에 분노하여 학교에서 쫓겨날 지경에 이르도록 시위를 한 경험이 있다. 시간은 흘러 오성시장 보궐선거가 치러진다. 그의 마음속에 그 옛날 학생식당 가격을 사수하려던 때와 비슷한(?) 정의감이 타오르기 시작한다.

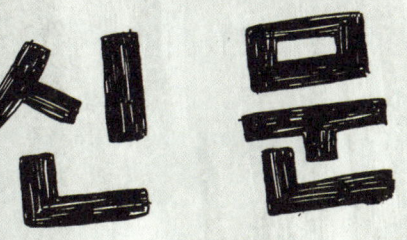

한별님

있는 듯 없는 듯 평탄한 삶을 살아온 그에게도 아픔은 있다. 몸무게로 인해 군 면제를 받은 것이다. 사실 한별님은 장군의 아들이며, 온 집안의 남자가 군인인 집안의 장손. 한별님은 군대에 가기 위해 살을 빼려고 엄청 노력했다. 하지만 그럴수록 스트레스로 살은 더욱 쪘고 군대의 문은 점점 멀어졌다.

제갈윤

〈통신문〉의 정보통으로, 기억력이 비상해서 한 번 듣고 본 내용은 다 기억한다. 그렇지만 단 한 가지 절대 약점이 있으니 그것은 가위바위보를 못한다는 것이다. 민주적인 방법이라며 늘 가위바위보로 청소 당번을 정하는 통신문사에서 단 한 번만이라도 가위바위보를 이겨 보는 게 그의 소원이다.

호리병

인정사정 볼 것 없이 취재원을 집요하게 물고 늘어지는 호리병. 그렇지만 첫사랑에게만은 한없이 약하다. 그런 그녀에게 99킬로그램의 숙제를 안긴 첫사랑이 돌아왔다.

황송하지

학기 초, 표만복의 딸 표만희와 회장 자리를 놓고 경합을 벌였으나 압도적인 표 차이로 졌다. 표만희가 반 친구들에게 선물 공세를 폈던 것. 그 후, 표만희의 딸에게 육포를 선물 받으며 친구가 된다.

차례

01
발간 19일 전
오성시장 선거 후보자 등록 시작
오성시장 보궐선거가 시작되고,
통신문은 특별호를 발간하기로 한다.
-21-

02
발간 12일 전
선거 운동을 시작하다
보호당의 김수현, 주민당의 최민중,
무소속의 표만복 후보가
오성시장 선거에 출사표를 던진다.
-38-

03
발간 8일 전
선거할 수 있는 사람은 누구?
TV토론회가 열리고, 후보 중 한 명의
숨겨 온 과거가 드러나는데……
-57-

04
발간 5일 전
후보자와 투표 안내문을 검증하자
후보자 검증을 위해 인터뷰를 할수록
후보들에 대한 믿음에 금이 가기 시작하는데……
-79-

05
발간 3일 전
선거일보다 먼저 투표를 한다고?
드러나는 또 다른 후보의 검은 과거.
의혹은 사실로 밝혀질까?
-100-

06
발간 1일 전
과열되는 선거 운동
정의롭고 공정한 시민의식을 가진
오성 시민은 어떤 선택을 할까?
-126-

프롤로그

"자, 이번 통신문 특별호의 주제는 '오성시장 선거'야. 시장 후보자 등록 신청일부터 시작해서 선거일 이틀 전까지의 선거 과정을 기사로 담도록 하지."

4월 20일, 오성시에서는 시장을 다시 뽑는 보궐선거가 있다. 원래 있던 시장이 법을 어겼고, 그 사실을 〈통신문〉에서 기사로 밝혔다. 검찰도 시장을 조사했는데, 역시나 법을 어긴 게 사실로 밝혀졌다.

그 후 오성시 주민들은 주민소환제를 통해 오성시장을 시장 자리에서 물러나게 했다. 결국 시장은 재판을 받고 감옥에 갔다. 그리고 현재 오성시에는 시장이 없다.

새 시장을 뽑기 위한 보궐선거를 앞두고, 통신문에서는 '오성 시장 선거 특별호'를 만들 계획이다. 오늘부터 이틀 동안 시장 후보로 나설 사람들이 후보자 등록을 하는 것을 시작으로 20일간의 선거가 시작된다.

"일주일마다 나오는 통신문에다 별도로 특별호도 함께 만드는 거니까 많이 바쁠 거야."

"아~ 정말, 한동안 정신없이 바쁘겠네요."

통 대장의 말에 호리병이 주위 사람들까지 축 처지게 만드는 말투로 말했다.

"그럴 거야. 하지만 힘내자고. 통신문은 오성 시민이 뜻을 모아 만든 신문이니까, 오성시를 위해 이 정도 바쁜 일은 감수해야지. 자, 이번 주 통신문은 선거 일정에 맞춰 어떤 일이 벌어지는지, 또 오성 시민의 반응 등을 중심으로 다룰 거야. 그리고 특별호에서는 오성시장 보궐선거에 나오는 후보들이 어떤 사람인지를 철저하게 파헤치고 말이야."

"네. 시장 후보들이 어떤 사람인지를 정확하게 알아야 선거에

서 좋은 후보에게 투표할 수 있을 테니까요."

한별님이 기자들에게 따뜻한 차를 한 잔씩 건네며 말했다.

"아~, 그런데 어떤 사람이 시장 후보로 나설까요?"

"주민당과 환경당에서는 공동 후보를 낸다지?"

"네. 전국대학생연합 회장을 했던 최민중 씨가 단일 후보로 결정되었답니다. 현재는 주민당 소속이죠."

제갈윤이 스마트폰의 메모를 확인하며 말했다.

"최민중 씨는 한때 우리나라 대학생들 사이에서 전설이었어. 동에 번쩍, 서에 번쩍 하며 민주화 운동을 했었지."

통 대장이 눈을 지그시 감고는 기억을 더듬었다.

"보호당에서는 아직 시장 후보를 결정하지 못했나 봐요. 후보로 나서겠다는 사람들이 하도 많아서 결정하기 힘들 거예요."

"그게 아니라, 후보 등록일 마지막까지 후보가 누군지 비밀로 해서 관심을 모으려는 작전 같아요. 사람들이 궁금해하니까 더 관심을 받게 되잖아요."

"아~ 그런 신비주의, 너무 싫어요. 알고 보면 남들과 다를 것도 없으면서 괜히 신비한 척! 나를 만나면 탈탈 다 털릴 거면서……."

호리병이 한심하다는 듯 고개를 저었다.

"제 친구 아빠도 선거에 나온대요."

통 대장의 딸 황송하지가 불쑥 끼어들었다.

"그래? 그분 이름은 뭐라 하지? 나한테 알려 주면 황송하지."

제갈윤이 썰렁한 농담을 하며 황송하지의 어깨를 툭 쳤다. 평소 농담을 하지 않는 제갈윤이지만 황송하지에게만은 종종 이름을 가지고 장난쳤다.

"친구 아빠 이름은 몰라요. 내 친구 이름은 만희인데, 우리 학교 회장이에요. 사실 내가 선거에서 이길 수 있었는데, 만희가 친구들한테 햄버거도 사 주고, 선물도 하고 그러는 바람에 아이들이 만희를 왕창 뽑은 거예요."

황송하지의 말에 제갈윤뿐 아니라 통신문 기자들이 아무 말도 못 하고 머뭇거렸다.

"억울하지 않았어?"

제갈윤이 슬쩍 황송하지의 눈치를 보며 물었다.

"처음엔 그랬는데 지금은 만희랑 제일 친해요. 만희가요, 저한테만 특별히 육포를 선물했거든요."

"어휴, 정말 내 딸이지만 육포에 넘어가다니……."

통 대장이 고개를 절레절레 흔들었다.

"아~, 요 앞 사거리에서 교통정리 봉사활동을 하시는 분도 선거에 나오겠대요. 아~, 자기가 시장이 되면 교통규칙을 어기는 사람을 몽땅 잡아들여서 차가 행복한 오성시를 만들겠다네요."

"차가 행복한 것도 좋지만, 사람이 행복한 게 더 중요하지 않을까요?"

호리병의 말에 한별님이 말했다.

"오성시장은 오성 시민과 오성시를 위해 깨끗하고 현명하게, 또 열심히 일하는 사람이 돼야 해. 그러기 위해선 우리 통신문이 후보들을 철저히 조사해서 시민들이 제대로 된 후보를 뽑을 수 있게 도와야 하지."

통 대장이 기자들을 둘러보며 말했다.

"그전에 반드시 회식을 해야 합니다. 내일부터 정신없이 일해야 하니까요."

"옳소!"

"그렇지!"

"아~, 당연한 말씀!"

"회식, 좋죠."

한별님의 말에 황송하지, 통 대장, 호리병, 제갈윤이 이구동성으로 찬성했다.

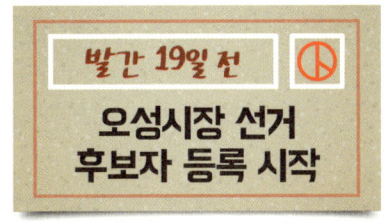

"절대로 안 됩니다. 곤충을 먹다니요! 이 실크 넥타이를 만든 누에의 번데기를 어떻게 먹습니까?"

제갈윤이 통 대장의 넥타이를 가리키며 말했다.

"무슨 소리야? 번데기는 내가 어렸을 때부터 먹어 온 국민 간식이라고."

"그래도 안 됩니다. 전, 절대 곤충은 먹지 않을 겁니다."

"뭘 먹을지 결정할 권리는 통클럽 회장에게 있잖아. 그 회장이 바로 나고. 제갈윤 자네가 메뉴를 결정하고 싶다면 나보다 몸무게가 더 나가면 돼."

"분합니다. 설사병에 걸려서 6킬로그램만 빠지지 않았어도 통클럽 회장에 도전할 텐데……."

"아~, 난 메뉴 결정권 따윈 필요 없어요. 99킬로그램이 되는 게 내 소원이니까. 아~, 물론 어떤 메뉴라도 상관없고요. 난 모든 음식을 잘 먹으니까."

호리병이 허리띠를 더 졸라매며 말했다.

"통클럽의 메뉴 결정권은 회장이 갖고 있지만, 오늘은 통신문 회식이잖아요. 통클럽과 통신문은 다른 것 아닌가요?"

통 대장과 제갈윤의 말씨름을 지켜보던 황송하지가 중얼거렸다.

"맞지, 황송하지의 말이 정말 맞다 하지."

제갈윤이 환하게 웃으며 황송하지의 등을 톡톡 두드렸다. 그러곤 통 대장을 향해 큰 소리로 말했다.

"오늘 저녁은 통신문 기자들끼리 회식을 하는 겁니다. 그러니 통클럽의 규칙을 따를 필요가 전혀 없습니다. 오늘 회식 메뉴는 다수결로 정하죠. 민주적으로 말입니다."

그때 통신문사의 문이 열리더니 표만복이 들어왔다. 몇 가닥

안 남은 머리카락을 2 대 8로 가르마를 타서 기름까지 바른 머리 모양이 인상적이었다.

"잘들 지냈나?"

표만복이 두 손을 들어 인사했다.

"아이코, 초대 회장님께서 여긴 어쩐 일이십니까? 그렇지 않아도 통클럽 규칙을 안 따르는 회원이 있어서 지금 골치가 아팠던 참입니다."

통 대장이 표만복과 악수하며 말했다.

"뭐? 통클럽의 규칙은 몸무게가 100킬로그램이 넘어야 회원이 될 수 있다, 제일 무거운 사람이 회장이 된다, 메뉴 결정권은 회장이 갖는다, 이렇게 달랑 세 개잖아. 그걸 못 지킨다는 건 말도 안 돼."

"그러게 말입니다. 요즘 젊은 사람들은 규칙을 우습게 생각한다니까요."

"푸하하하. 내가 오늘 메뉴 결정에 대한 문제를 깔끔히 해결해 주겠네. 한턱 낼 테니 다들 같이 나가자고."

"뭘 먹을 건데요?"

통 대장과 제갈윤이 회식 메뉴를 결정하느라 논쟁을 벌일 때만 해도 조용히 있던 한별님이 물었다.

"모든 음식이 있는 곳, 바로 뷔페!"

"우아, 신난다! 오늘은 배 터지도록 먹을 수 있겠다."

황송하지가 두 팔을 번쩍 들고 만세를 불렀다.

이렇게 해서 회식 메뉴를 결정하는 긴 토론이 무색하게 다들 뷔페로 향했다.

"아무리 음식이 많아도 순서대로 먹어야지요. 샐러드부터 시작해서 차가운 음식, 따뜻한 음식과 고기 그리고 마지막으로 과일과 달콤한 케이크를 먹는 거죠."

평소엔 별로 말이 없는 제갈윤이 제일 신났다. 번데기를 먹을 뻔하다 뷔페에서 온갖 음식을 눈앞에 두니 흥분할 수밖에.

"저는요, 먹는 순서 같은 거 다 필요 없어요. 그냥, 고기랑 케이크면 돼요!"

황송하지가 소불고기와 돼지갈비, 양념치킨을 가득 담은 접시를 식탁에 내려놓으며 말했다.

"아~, 99킬로그램이 되기 위한 다이어트는 내일로 미루겠어요."

호리병이 허리띠를 풀어서 가방에 넣으며 말했다.

"하하하하. 이 친구들 먹성은 여전하구먼. 아주 기분이 좋아."

"저희야 늘 한결같죠. 먹는 것을 좋아하고, 오성시를 사랑하고."

표만복의 말에 한별님이 대답했다.

"내가 조용히 할 말이 있는데 말이야, 이 말은 자네가 내일, 다른 기자들에게도 전해 주게. 지금은 다들 먹느라 바쁘니까

말이야."

표만복이 주위를 살피더니, 한별님에게 얼굴을 바짝 들이대며 속삭였다. 황송하지와 다른 기자들은 음식을 먹느라 둘의 대화에 신경 쓰는 사람이 없었다.

"아, 예. 말씀하십시오, 통클럽 초대 회장님."

연어 초밥 3개를 꿀떡 삼키고는 한별님이 말했다. 표만복을 바라보는 한별님의 얼굴에 웃음이 가득했다.

"내가 말이야, 오성시장이 되고 싶다네."

"네?"

한별님이 멍하니 표만복을 쳐다봤다.

"자네들이 좀 도와줘야겠어. 오늘 내가 산 음식을 배가 터지도록 먹었으니 안 도와준다는 말은 못 하겠지? 이거 뇌물이야, 뇌물! 푸하하하."

표만복이 아주 재밌는 농담이라도 한 듯 크게 웃었다. 하지만 한별님을 뚫어져라 쳐다보는 눈빛은 싸늘했다.

다음 날, 통신문 기자들이 편집실에 모였다. 다들 얼굴이 통

통 부어 있었다. 밤새, 뷔페에 남겨 둔 음식들이 떠올라 한숨도 못 잔 것이다.

"휴, 어제 뷔페에서 스테이크를 더 먹었어야……가 아니지. 황소야, 정신 차리자."

통 대장이 두툼한 양손으로 볼을 찰싹 치며 머리를 흔들었다.

"선거 일정을 정리했습니다."

제갈윤이 선거 일정을 정리한 종이를 나눠 줬다.

"그 전에 할 얘기가 있어요. 표만복 회장이 말이에요……."

한별님은 어제 뷔페에서 표만복 회장이 한 말을 들려주었다.

"표만복 회장이 어떻게 그럴 수가 있어! 어제 먹은 뷔페 음식이 뇌물이라고?"

통 대장이 책상을 내리치며 벌떡 일어섰다. 화가 잔뜩 난 얼굴은 터질 듯 붉었고, 코에서는 콧바람이 슝슝 뿜어 나왔다. 투우사를 향해 돌진하는 성난 황소 모습 그대로였다.

"아~ 정말, 초대 회장에게 실망했네요. 우릴 먹을 거로 매수하려고 하다니!"

호리병이 고개를 저었다.

"솔직히 우리가 먹을 거에 약하…… 아니지, 내가 하려던 말은 이게 아닌데…….''

한별님이 하려던 말을 제갈윤이 대신 끝맺었다.

"우리야 늘 하던 대로 열심히 취재하고, 사실대로 기사를 쓰면 되는 거죠."

"제갈 기자 말이 맞아. 자자, 표만복 회장의 말은 잊어버리고 하던 대로 일하자고. 호 기자는 선거관리위원회에 가서 누가 시장 후보로 등록했는지 알아봐."

"아~ 그래요. 제가 출동하죠."

호리병은 주위 사람들까지 축 처지게 하는 말투와는 달리, 바람처럼 휘리릭 사무실에서 사라졌다.

"한 기자는 오성시 주민들이 이번 선거에 얼마나 관심을 가지고 있는지 알아보고."

"네!"

"제갈 기자는 사무실에 남아서 호 기자가 시장 후보 이름을 알려 주면 미리 후보에 대해 조사를 해 둬. 취재하기 전에 후보들에 대한 기본 정보는 알고 있어야 하니까."

취재하러 나간 지 한 시간도 되지 않아서 호리병이 통신문사로 전화했다.

"주민당은 최민중, 무소속은 표만복이 후보로 등록했어요. 교통정리하시는 분은 후보자 등록을 안 했더라고요. 그리고 보호당 후보는……, 후보는, 아이참, 보호당 후보는……."

"보호당 후보 이름이 '후보는'이야?"

통 대장이 물었다.

"아니요. 그게 아니고, 그게 아니라, 아~, 그게……."

"호 기자, 혹시 배고파서 이름을 기억하지 못하는 건가? 아직 점심 안 먹었어?"

"김수현이요."

호리병은 그 말만 하고는 전화를 끊어 버렸다.

"뭐야? 김수현이란 이름이 그토록 입에 담기 힘든 이름인가?"

통 대장이 전화기를 내려다보며 황당해했다.

"킥킥. 아빠, 아니 황소 취재부장님. 김수현 후보는 호리병 기자님이 인터뷰하게 해 주세요. 꼭이요!"

황송하지가 웃음을 참으며 통 대장에게 말했다.

"왜? 호 기자가 김수현 후보랑 친한가? 뭐, 아무튼 오성시장 후보는 세 명으로 정해졌군."

통 대장은 신문사 벽에 걸린 칠판에 '오성시장 후보자 등록 마감'이라고 적었다.

"참! 너무 웃다가 깜빡할 뻔했네. 나도 어린이 기자수첩에 적어야 하는데······."

황송하지 역시 늘 갖고 다니는 작은 수첩에 적었다.

새 오성시장을 뽑는 선거에 현민중, 표만복, 김수현이 후보로 나섰다.

이렇게 오성시장 보궐선거가 시작되고 이틀 동안 후보자 등록이 끝났다. 이상한 건, 김수현이 시장 후보로 나온 것을 알게 되자, 호리병이 엄청난 다이어트에 돌입했다는 것이다.

"아~, 저는 이제부터 선거가 끝나는 그날까지, 자몽만 먹을 거예요. 그러니 제 앞에선 아무것도 드시지 마세요. 제가, 무슨 짓을 저지를지 저도 몰라요."

이렇게 무서운 말을 남긴 채, 호리병은 자몽 8상자를 주문했다.

통신문 기자들이 회식 메뉴를 결정할 때 서로 의견이 달랐어요. 저도 친구들이랑 의견이 다를 때가 있거든요. 이럴 때는 어떡해야 하나요?

이렇게 갈등과 다툼, 함께 해결해야 하는 문제들이 생기는 건 사람들마다 서로 생각이 다르고, 여럿이 함께 살기 때문이야.

깊은 산속이나 무인도에서 혼자 사는 사람은 자기 마음대로 결정하고, 스스로 문제를 해결해야 해. 하지만 우리는 가족, 친구, 이웃과 더불어 살기 때문에 다른 사람과 함께 갈등과 다툼을 조정하고 문제를 해결해야 하지. 이렇게 사람들 사이에서 생기는 문제들을 해결하는 활동을 정치라고 해.

정치는 국회의원이나 대통령 같은 정치인들만 하는 활동이 아니냐고? 나랏일과 관련된 일을 하는 것은 좁은 의미의 정치이고, 우리가 다른 사람들과 더 행복하게 잘 살기 위해 갈등을 조정하고 문제를 해결하는 활동은 넓은 의미의 정치야.

그럼, 정치는 어떻게 해야 할까? 나이가 많은 사람, 힘이 센 사람, 돈 많은 사람이 마음대로 결정하면 될까? 그렇지 않아. 정치는 자유롭게 대화하고 토론해서 가장 좋은 방법을 찾아내는 과정이야.

하지만 생각이 달라 끝까지 의견을 하나로 정할 수 없을 때가 있어. 술래잡기를 할 때, 아무리 오래 토론해도 술래를 하겠다는 친구가 없으면 어떻게 하지? 이럴 때는 보통 가위바위보를 해서 술래를 정해. 또 청소할 때, 화장실 청소를 하려는 사람이 없으면 어떻게 할까? 순서를 정해서 화장실 당번을 돌아가며 할 수 있겠지.

그런데 가위바위보나 순번대로 하는 방법에 반대하는 친구가 있으면 어떻게 할까? 그럴 때는 더 많은 사람이 원하는 대로 결정하는데, 이것을 다수결의 원칙이라고 해.

오성시장을 새로 뽑는 투표를 한대요. 우리 반도 학기 초에 선생님이 임시 반장을 정해 주셨는데, 투표해서 뽑은 반장보다 훨씬 일을 잘했어요. 이렇게 선택한 결과가 나쁠 수도 있는데 우리가 직접 참여해 결정할 필요가 있나요?

　　우리가 직접 정치를 해서 결정했지만 결과가 나쁠 수 있듯이, 다른 사람이 나 대신 내려 준 결정도 결과가 나쁠 수 있어. 차이점은, 내가 결정했다면 그 결과를 인정하고 책임져야 할 때 덜 억울하다는 거야. 그리고 이렇게 결정했을 때는 자기가 원하는 결과가 나올 가능성도 더 높아.

　　하지만 다른 사람이 결정을 내렸는데, 그 결과가 나빠서 내가 피해를 입거나 책임져야 할 일이 생기면 어떨까? 엄청 억울하고 책임지기도 싫겠지? 또 나 대신 결정을 내린 사람이 옳지 않은 선택을 할

수도 있잖아.

　그럼, 좁은 의미의 정치에서는 어떨까? 우리가 정치에 참여한다고 해서 다 좋은 결과를 가져온다는 보장은 없어. 하지만 국민이 정치에 참여하지 않고 자기 의견을 말하지 않으면 몇몇 사람이 나랏일을 결정하게 되겠지. 그 사람들은 자신만을 위해 나랏일을 결정하거나, 국민이 낸 세금을 국민을 위해 사용하지 않을 수도 있어. 또한 자기 이익을 챙기는 데 도움이 되는 법을 만들 수도 있지.

　그렇기 때문에, 국민은 나랏일을 결정하는 좁은 의미의 정치에도 적극적으로 참여해야 해. 늘 정치에 관심을 가지고 자신의 의견을 표현하는 거야. 또 정치인들이 제대로 나랏일을 돌보고 있는지도 항상 감시해야 하고.

이것만은 기억하자!

**사람은 저마다 생각과 의견이 다르다.
그래서 갈등이 생긴다.**

1. 사람들 사이의 갈등이나 공동의 문제를 해결하는 행위를 정치라고 한다.
2. 나랏일에 관련된 행위를 하는 것은 좁은 의미의 정치이다.
3. 사람들의 의견이 만장일치로 똑같지 않을 때는 더 많은 사람의 의견을 따른다. 이것을 다수결의 원칙이라고 한다.

발간 12일 전
선거 운동을 시작하다

　오성시장 보궐선거의 후보자 등록이 끝나고, 6일째부터 본격적인 선거가 시작되었다. 각 후보들은 오늘부터 오성 시민에게 자신과 선거 공약을 알리는 선거 운동을 할 수 있다.

　보호당의 후보 김수현은 오성시 엄마 모임, 아가씨 모임, 할머니들이 많이 있는 노래교실, 에어로빅 센터를 다녔다. 인터넷 미용 카페인 '이쁘자'와 '멋쟁'의 회원들도 만났다. 오랫동안 뉴스를 진행한 아나운서였기에 다들 김수현을 알고 있었다.

　훤칠한 키와 깔끔한 외모, 지적인 목소리와 상냥한 미소까지! 김수현을 만난 오성시 여성 유권자들은 유명 연예인을 만난 것

처럼 가슴이 설렜다. 함께 사진을 찍기 위해 사람들이 스마트폰을 들고 김수현을 둘러쌌다.

호리병은 김수현 근처에도 가기 힘들었다. 평소 같았으면 앞을 가로막는 버스라도 옆으로 밀어붙이고 취재에 성공했을 호리병이지만, 김수현을 취재할 때만은 연약한 여자가 되고 마는 것이었다.

한별님은 표만복의 유세 현장을 취재했다. 무릎이 튀어나온 청바지에, 색이 바랜 티셔츠를 입고, 낡은 장화에 챙이 넓은 모

자를 쓴 한별님은 영락없는 농촌 총각으로 보였다. 거기에 피부도 검게 탄 것처럼 꾸며서 같은 기자들도 한별님을 알아보지 못했다.

"우아, 대단한걸!"

한별님은 표만복의 유세 현장에 갔다가 깜짝 놀랐다.

유세장에 도착하자마자 자원봉사자들이 둥그런 부채를 나눠 줬다. 앞면에는 표만복의 환하게 웃는 얼굴 아래 '기호 3번 표만복'이라 적혀 있었고, 뒷면에는 표만복의 선거 공약이 쭉 나열되어 있었다.

'더 잘 먹고 잘사는 오성시를 만들겠습니다.'라고 쓰인 커다란 현수막 아래서 인형 탈을 쓴 사람들이 "표만복이 잘할 거예요. 한번 믿어 봐요!"라는 선거 운동 노래에 맞춰 율동했다. 여기저기서 인형 탈을 쓴 사람과 기념사진을 찍는 사람들, 선거 운동 노래를 따라 부르며 율동까지 함께하는 사람들이 많았다.

표만복이 포스터를 잔뜩 붙인 트럭에 올라서서 연설했다.

"저를 오성시장으로 뽑아 주시면, 여러분을 지금보다 두 배로 잘살게 만들겠습니다. 저, 표만복입니다. 오성시를 위해 저보다 돈을 더 많이 기부한 사람이 있습니까? 저를 시장으로 뽑아만 주시면, 제 재산을 몽땅 오성시에 기부해서 병원도 공짜, 학교 급식도 공짜, 집도 공짜로 드리겠습니다. 직업이 없는 사람에겐 생활비도 팍팍 드리겠습니다. 일은 더 적게 하고, 돈은 더 많이 벌게 해 드리겠습니다. 저를 뽑아 주십시오."

"와, 와! 표만복! 표만복! 표만복!"

사람들이 표만복의 이름을 외쳤다.

한쪽에서는 노인들이 돗자리를 펴고 앉아 막걸리에 파전을 먹고 있었다.

"어휴, 표만복 후보를 지지하는 사람들이 엄청 많네요."

한별님이 돗자리에 엉덩이를 슬쩍 걸터앉으며 말을 걸었다.

"역시, 우리 표만복 후보가 인기가 많죠? 어르신들도 표만복 후보를 지지하시는 거죠?"

"그럼. 요즘 세상에 표만복 회장 같은 사람이 어딨어? 자기 재산 다 털어서 오성시민공원을 만들고, 대형 도서관도 만들고, 또 우리 노인 복지회에도 매달 백만 원씩 기부해서 복지회관이 얼마나 좋아졌는데."

"선거 운동 하는 사람들도 다 표만복 회장한테 도움받은 사람들이야. 자기한테 도움을 주는 사람을 우리 대표로 뽑는 게 당연하잖아?"

"그렇고 말고요. 우리 표만복 후보 같은 분도 없죠. 하하하."

한별님은 할아버지의 말에 맞장구쳤다.

"그건 그렇고, 원래 보궐선거 때는 사람들이 투표를 안 하려고 하잖아요? 한 번 투표를 했는데, 다시 투표를 하려니 기운도 빠지고 귀찮기도 하고요. 게다가 선거일이 쉬는 날도 아니고요. 어르신들이 보기에 이번 선거에 사람들이 투표를 많이 할 것 같습니까?"

"그럼. 투표는 국민의 의무야. 나를 대신해서 나라를 다스리는 대표를 뽑는 일인데 투표를 안 하다니! 그런 사람은 시민 자격도 없어."

"그렇지, 그렇지."

할아버지들은 고개를 끄덕였다.

한별님은 할아버지들에게 인사하고, 서둘러 신문사로 돌아갔다. 표만복 회장의 인기와 유권자들이 선거에 관심이 많다는 것을 통 대장에게 보고해야 했다.

"안녕하십니까? 전 〈통신문〉의 취재부장 황소입니다."

통 대장이 주민당 후보 최민중을 인터뷰하러 주민당 사무실을 찾았다.

"반갑습니다. 최민중입니다."

최민중이 통 대장과 악수하며 환하게 웃었다.

"저희 통신문에서 '오성시장 보궐선거 특별호'를 만들고 있습

니다. 오늘 있을 최민중 후보의 인터뷰는 그 특별호에 실릴 겁니다."

"네, 알겠습니다. 그렇지 않아도 통신문의 기자분들을 만나고 싶었답니다. 비리를 저지른 전 오성시장을 물러나게 한 것도 통신문 덕분이라고요? 통신문이 언론의 역할을 제대로 하는군요."

"하하하. 아무리 저희 통신문을 칭찬하셔도 후보님께 더 호의적인 기사를 써 드리진 않을 겁니다."

"물론 그러셔야지요."

"그럼 본격적으로 최민중 후보에게 오성 시민을 대신해서 질문드리겠습니다. 대학생 때만 해도 최 후보는 전국대학생연합 회장으로 민주화 운동을 이끄셨습니다. 매일, 신문과 뉴스에서 최 후보의 활약이 소개되었고요. 지금 우리나라가 이 정도로 민주주의를 실현하는 국가가 된 데는 최 후보가 큰 역할을 했다는 건 모든 사람이 인정할 겁니다. 그 인기 덕분에 최연소 국회의원도 되셨죠. 그런데 갑자기 정치를 그만두셨지요? 왜 그러신 겁니까?"

통 대장은 최민중에 대해 조사한 내용을 적은 수첩을 참고하며 말했다.

"글쎄요……. 지난 일을 생각해 보면, 제가 철이 없었던 것 같아서 부끄러워요."

"그게 무슨 말입니까? 그동안 최 후보가 했던 일들을 후회하는 겁니까?"

"글쎄요. 전, 제 젊음을 우리나라가 진정한 민주주의 국가로 발전하는 일에 바쳤어요. 하지만……."

"하지만……?"

"시민들이 더 풍요롭게 살게 된 건 사실이에요. 조금 더 자유롭게도 살게 되었고요. 하지만 진정으로 자유로워진 것은 아니라고 생각해요. 민주주의는 법을 바꾸거나 나라의 제도를 바꾸는 것만큼이나 국민들의 시민의식이 중요하지요."

"우리나라 국민의 시민의식이 낮다는 겁니까?"

"많은 사람이 피 흘리며 힘들게 민주주의를 지켰어요. 진정으로 민주적인 나라, 국민이 자유롭고 평등한 나라가 될 거라고 믿었기 때문이죠."

최민중은 통 대장의 질문을 못 들었다는 듯 허공을 바라보았다. 오래된 기억을 떠올리는 것 같았다.

"그래요. 아직은 국민들이, 자신들이 이 나라의 주인이라는 것을 잘 모르는 것 같아요. 그렇기 때문에 국가에 대한 책임감도 부족하고요."

"그렇게 생각하는 이유를 알려 주십시오."

"그동안 국민들이 뽑은 대통령과 국회의원들을 보세요. 정말 나라를 위해 열심히 일할 사람을 뽑은 게 아니라 같은 동네에서 태어난 사람이라서, 아니면 같은 학교에 다닌 사람이라서 뽑죠. 또는 후보의 부모가 유명한 사람이라고 뽑기도 해요. 심지어는 후보가 잘생기거나 부자라서, 또는 좋은 대학을 나왔다고 뽑는 국민들도 있죠."

"국민들이 왜 그렇게 잘못된 선택을 하는 걸까요?"

"국민들은 아직 민주주의가 뭔지 잘 모르는 것 같아요. 민주주의의 근본이념은, 인간은 누구나 존엄하다는 것이죠. 그래서 자유로워야 하고, 서로 평등해야 한다는 것이고요. 그런데 나보다 잘난 사람이 이래라 저래라 명령하는 대로 살고 싶어하는 사람이 많아요. 자기가 자유롭게 결정하면 책임을 져야 하니까 그럴 자신이 없는 거죠. 자기보다 돈이 많은 사람, 자기보다 아는 게 많은 사람, 자기보다 좋은 집안에서 태어난 사람을 자신보다 더 잘났다고 우러러보는 사람도 많아요. 모든 사람이 평등하다는 것을 모르는 것이죠."

"우리 통신문은 오성 시민들이 돈을 모아 만든 신문입니다. 어떤 신문들은 광고를 받기 위해 기업의 눈치를 봅니다. 게다가 정부의 눈치도 봐서 제대로 정치를 비판하지도 못하죠. 하지만 오성 시민은, 언론은 자유롭고 공정하게 사실을 보도해야 한다는 것을 잘 알고 있습니다. 그런데도 우리 시민들의 의식 수준이 낮다고요?"

통 대장이 최민중의 말에 반박했다. 우리나라 국민의 한 사람으로서 화가 났다.

"제가 말을 잘못했나 보네요. 제가 하고 싶은 말은, 우리나라 국민이 시민의식이 낮아서 한심하다는 뜻은 아니에요. 오히려 민주주의를 시작한 역사가 짧은데도 이만큼이나 민주주의를 실천하고 있는 나라도 드물죠. 저는 우리 국민의 힘을 믿어요. 그래서 다시 정치를 시작하는 겁니다. 국민의 대표로 일하자.

아니, 국민의 머슴으로 나랏일을 하며 봉사하자고 결심한 거죠. 누가 이 나라의 진정한 주인인지를 국민들이 깨닫도록 봉사하고자 합니다."

"그럼, 국민이 선거에서 좋은 대표를 뽑으려면 어떻게 해야 하는지를 알려 주십시오."

"친한 사람, 같은 학교에 다녔던 사람, 자기에게만 도움을 주는 사람이 아니라, 정말로 국민을 위해 일할 능력 있는 후보를 선택해야 해요. 그러기 위해선 통신문 같은 언론의 역할이 중요해요. 국민이 훌륭한 대표를 선택할 수 있게 정확한 정보를 줘야지요. 후보를 추천하는 정당들도 나라를 위해 열심히 일할 능력 있는 후보를 선택해야 하고요."

최민중과 인터뷰하며 통 대장은 화가 났다. 최민중이 국민들을 무시하는 것 같았기 때문이다. 하지만 인터뷰를 계속할수록 최민중의 진심이 느껴졌다.

'오랜 시간이 지났지만 최민중은 여전히 우리 국민과 국가를 사랑하고 있어. 과연 우리 오성 시민은 최민중의 진심을 알아볼 수 있을까?'

 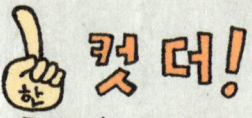 

최민중 후보는 우리가 국가의 주인으로서 책임감을 가져야 한다고 했어요. 그런데 내가 국가에 책임질 일이 뭔가요? 그리고 정치인도 아닌데 왜 국가에 책임감을 가져야 하죠?

불과 백 년 전만 해도, 왕과 양반 관리들만 정치(좁은 의미의 정치)에 참여할 수 있었어. 일반 백성과 노비는 정치에 참여할 자격도, 기회도 없었지. 하지만 시간이 지나면서 사람들은 모든 사람이 평등하고, 모든 국민이 국가의 주인이라고 생각하게 되었어. 이렇게 국민이 국가의 주인이 되어 정치가 이루어지는 게 민주주의야.

그런데 국민이 국가의 주인이라고 해서 책임감까지 가져야 하는 건 이해가 안 된다고?

만약 내가 자전거를 전봇대 옆에 세워 두고 운동화 끈을 고쳐 매는 동안 어떤 사람이 내 자전거를 가지고 간다면, 어떻게 할 거야? 자전거를 못 가져가게 막겠지? 그건 '내 자전거'니까 말이야. 그럼, 세워 둔 자전거가 넘어져서 옆에 있던 아이가 다쳤다면 어떻게 할 거야? 다친 아이를 돌봐 줘야 할 책임이 있지? 왜냐 하면 그 아이를 다치게 한 자전거가 '내 자전거'니까, 내가 책임을 져야 하지. 또 세워 둔 자전거가 진흙탕 속으로 넘어지면 어떻게 할 거야? 자전거를 깨끗이 닦겠지? '내 자전거'니까 잘 관리하는 거지. 내가 자전거의 주인이라서 자전거를 마음대로 사용하지만, 한편으로는 자전거로 인해 생기는 문제도 책임지는 거잖아.

　민주주의 국가도 마찬가지야. 내가 민주주의 국가의 주인이기 때문에 행복하게 살 수 있도록 국가에 원하는 것을 요구할 수 있어. 또 국가에서 어떤 일을 결정하거나 국가에 문제가 생길 때에는 참여도 해야 하지. 더 나은 국가가 되도록 내가 도움을 주기도 해야 하고 말이야. 민주주의 국가의 주인이 되는 것도 많은 노력이 필요하지?

통신문이 전 오성시장의 비리를 폭로해서 시장을 물러나게 했잖아요. 신문이 시장을 물러나게 할 만큼 그렇게 힘이 센가요?

신문만 힘이 센 건 아니야. 언론이 다 힘이 세지. 언론이란, 매체를 이용해서 어떤 사실이나 뉴스를 알리고, 문제에 대해 다양한 의견을 알리는 활동을 말해.

그런데 어떤 문제에 대해 사람들이 자신의 의견과 생각을 표현할 때, 더 많은 사람들이 가지고 있는 생각과 의견을 여론이라고 해.

가족끼리 외식 메뉴를 정할 때 아빠만 짜장면을 원하고 다른 가족은 모두 피자를 먹겠다고 한다면, 외식으로 피자를 먹는 것이 여론이 되는 거지. 동네에 있는 놀이터를 없애고, 그 자리에 마을회관을 짓는 문제는 어떨까? 이럴 때도 더 많은 사람이 원하는 생각이나 의견이 여론이 되는 거야. 우리 가족이나 동네뿐 아니라 국가의 일도 마찬가지야. 정부에서 어떤 정책을 결정할 때, 더 많은 국민이 원하는 의견이 여론이 되는 거지.

그런데 우리 사회에서 어떤 문제가 발생했고, 또 어떤 일이 벌어지고 있는지 모른다면 어떨까? 그 문제에 대해 자기 의견이 생길 수도 없고, 표현할 수도 없을 거야. 오늘 저녁에 외식을 한다는 사실을 모른다면, 마을회관을 짓는 문제가 있다는 것을 모른다면, 자기 의견을 어떻게 표현하겠어?

그래서 언론은 굉장히 중요해. 사회에서 어떤 일이 벌어지고 있는지, 또 어떤 문제를 해결해야 하는지를 국민에게 알리니까. 국민은

정직한 언론　　　　　공정한 여론

언론에서 알려 주는 정보와 뉴스를 듣고, 자기 생각을 결정하는 경우가 많아.

언론은 신문, 텔레비전, 인터넷 등의 매체를 통해서 사람들에게 어떤 사실을 알려. 요즘엔 통신 기술이 발달해서 손바닥만 한 스마트폰으로 세계에서 일어나는 다양한 일을 알 수 있어. 하지만 그 일들을 누군가 글과 사진, 그림 등으로 정리해서 사람들에게 알리지 않는다면, 즉 언론이 없다면 우리는 그 정보를 알 수 없을 거야.

그래서 언론은 정직해야 해. 또 누군가의 편을 들어서도 안 돼. 공정해야 하지. 그래야 사람들이 정확한 정보를 얻고, 그것에 대해 올바르게 판단할 수 있으니까 말이야.

이제 통신문과 오성시장의 이야기로 돌아가 볼까? 오성시장이 나쁜 짓을 저질렀어. 하지만 오성 시민은 그 사실을 몰랐지. 그러다가 통신문에서 오성시장의 비리를 신문(매체)에 보도한 거야. 이것이 '언론'이지. 그 기사를 본 오성 시민은 비리를 저지른 오성시장에게 오성시를 계속 맡겨야 할지, 아니면 물러나게 하고 새 오성시장을 뽑아야 할지를 고민했어. 그 결과 새로 오성시장을 뽑자는 의견을 가진 시민이 더 많았던 거야. 여론은 새로 시장을 뽑자는 거였지.

만약 통신문이 오성시장의 비리를 몰랐다면, 혹은 알았어도 오성시장의 눈치를 보느라 신문에 알리지 않았다면 어땠을까? 아니면 아예, 오성시장이 능력 있고 정직한 훌륭한 시장이라고 거짓 보도를 했다면 어땠을까? 그럼 오성시장이 계속 오성 시민을 속이고 오성시에 피해를 줬을 거야.

이처럼 언론은 여론을 만드는 데 아주 큰 영향을 미쳐. 그러기에 언론은 정직하고 공정해야 해.

이것만은 기억하자!

민주주의 국가는 국민의 뜻에 따라 다스려지는 국가이다.

1. 국가에서 일어나는 일이나 어떤 문제에 대한 정보, 뉴스 등을 사람들에게 알리는 활동을 '언론'이라고 한다.
2. 어떤 문제에 대한 더 많은 사람의 의견이나 생각이 '여론'이다.
3. 언론이 알려 주는 정보와 뉴스를 통해 국민의 여론이 만들어진다.

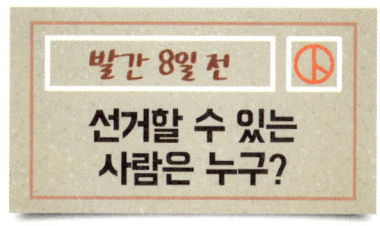

발간 8일 전
선거할 수 있는
사람은 누구?

하루하루 선거일이 다가왔다. 후보들은 유세차에서 쪽잠을 자며 발바닥이 부르트고 목이 쉴 정도로 선거 운동을 했다.

"이제 선거일까지 9일이 남았군. 보궐선거는 선거 일정이 짧아서 정신이 없네."

"오늘, 투표할 권리가 있는 사람들을 정리한 선거인명부가 나옵니다."

"OBC방송국에서 후보들이 합동 토론회를 합니다. 세 후보 모두 참석한답니다."

"그래? 볼만하겠군. 전에는 토론회에 안 나온 후보도 있었잖

아. 다른 후보들과 토론할 자신도 없는 사람이 무슨 자격으로 국민의 대표가 되겠다는 건지……. 정말 어이없었어."

"더 어이없었던 건, 그 후보가 국회의원으로 당선되었다는 거죠."

제갈윤이 고개를 저었다.

"오성시장 후보 중에는 그런 사람이 없어야 할 텐데……."

한별님이 한숨을 쉬었다.

"호 기자는 선거관리위원회에 가서 유권자가 몇 명이나 되는지 선거인명부를 확인해 봐. 한 기자는 나랑 방송국에 가지. 토론회를 취재하자고."

통 대장이 한별님의 어깨를 툭 치며 윙크했다.

방송국에 도착하니, 이미 다른 언론사의 기자들이 바글바글했다. 기자들과 인사를 나눈 뒤, 통 대장은 접이식 의자를 머리 위로 들고 이미 자리가 꽉 찬 제일 앞줄로 성큼성큼 걸어갔다. 그러고는 기자들이 앉은 의자들을 좌우로 밀어붙인 후, 의자를 내려놓고 앉았다.

"뭐하는 거야? 우리가 먼저 왔다고?"

기자들이 항의했지만, 통 대장에 이어 한별님까지 자신들을 밀어붙이고 앞줄에 앉자, 어이없다는 웃음을 터뜨렸다.

"좋아, 이번엔 양보하지. 통신문 덕에 부패한 시장을 내쫓고 새 시장을 뽑게 됐으니 말이야."

기자들이 양해해 주어 통 대장과 한별님은 시장 후보들이 정면으로 보이는 맨 앞자리에 앉을 수 있었다.

곧 사회자와 후보들이 무대에 나와 정해진 자리에 앉았다. 사회자가 후보들에게 질문했다.

"최근 우리나라는 인구가 점점 줄어들고 있습니다. 이러다간 대한민국이란 나라가 사라질 것 같습니다. 후보들은 이 문제에 대해 어떤 대책이 있으십니까?"

준비해 온 공책을 보며 그 내용을 열심히 외우던 김수현이 냉큼 대답했다.

"인구가 줄어드는 건 정말 큰 문제입니다. 일할 수 있는 젊은이는 줄어들고, 노인들은 늘어나니 나라는 점점 가난해지겠지요. 이 문제는 이민 정책으로 해결할 수 있습니다. 외국인을 이

민 오게 해서 부족한 인구수를 채우는 거죠."

"우리 민족은 단일민족이에요. 외국인으로 우리나라를 채울 생각입니까? 인구수가 줄어드는 것은 사람들이 이기적이기 때문이에요. 결혼해서 가족을 돌보고, 아이를 낳아 키우기 힘드니까 아예 결혼을 하지 않는 거죠."

"결혼을 하고 싶어도 못 하는 분도 많은데요?"

표만복의 대답에 사회자가 물었다.

"결혼을 못 하는 사람에게는 이성을 열 번 소개해 주고, 그중 한 사람과 반드시 결혼하게 해야 합니다. 물론 결혼 후에는 꼭 두 명 이상 아이를 낳아야 하고요. 이걸 법으로 정해야 합니다. 결혼과 출산은 국민의 의무라고요."

"표만복 후보의 말처럼, 결혼을 하지 않고 아이를 낳지 않는 건, 그런 일들이 힘들기 때문입니다. 또 결혼하는 데도 엄청난 돈이 들고, 아이를 낳아서 대학까지 보내는 데도 엄청난 돈이 들어요. 결혼하고 아이를 낳아 키우기 위해 평생 허리가 휘게 돈을 벌어야 합니다. 그러고도 남는 건 병든 몸과 가난뿐이지요. 그러니 결혼과 출산을 하지 않는 것입니다. 결혼과 출산을 해도, 행복하게, 인간답게 살 수 있도록 나라에서 도와야 합니다. 국민의 행복이 가장 중요합니다."

최민중이 대답했다.

"자, 다음 질문입니다. 우리나라는 세계에서 유일한 분단국가입니다. 당연히 국방이 중요하지요. 후보들은 국방의 문제를 어떻게 생각하십니까?"

사회자의 질문에 표만복이 김수현을 매섭게 노려보며 대답했다.

"제가 보기엔, 김수현 후보는 아주 건강한 것 같습니다. 그런데 이상하게도 군대를 안 가셨더군요. 국방의 의무를 저버리는 사람이 어떻게 국민의 대표가 될 수 있겠습니까? 제가 알아보니, 군대를 안 가기 위해 외국으로 도망친 적이 있더군요."

"저는 유학을 간 거지, 국방의 의무를 피하려고 도망친 게 아닙니다."

"유학을 간 사람들이 다 군대에 안 간 건 아니지 않습니까? 김수현 후보는 왜 군대를 안 갔습니까?"

"그, 그건, 사정이 있어서입니다. 결코 국방의 의무를 저버린 것이 아닙니다. 맹세합니다."

김수현의 얼굴이 빨갛게 달아오르고 땀이 비 오듯 흘렀다.

"김수현 후보는 군대를 안 간 것이 아니고 못 간 것입니다. 그 이유는 김수현 후보의 사생활을 보호하기 위해 말하지 않겠습니다."

최민중이 조용히 말했다.

"그, 그렇습니다. 저는 안 간 것이 아니고 못 갔습니다."

김수현이 비 오듯 쏟아지는 땀을 닦으며 말했다. 김수현이 대답을 얼버무리자, 사회자가 다음 질문을 했다.

"마지막으로, 후보들이 다른 후보에게 자유롭게 질문하고 대답하는 시간입니다. 먼저 김수현 후보가 질문하시지요."

"최민중 후보는 전과자시죠? 죄를 지어서 감옥까지 다녀온 분이 어떻게 시장이 되겠다는 건가요? 오성 시민들에게 '법을 지키십시오.'라고 말할 자격이 없지 않습니까?"

"저는 우리나라를 진정한 민주주의 국가로 만드는 것이 제가 잘 먹고 잘사는 것보다 더 소중하다고 믿었습니다. 그래서 민주화 운동을 했습니다. 그랬더니 저를 감옥에 보내더군요."

"그럼 우리나라의 민주화를 위해 신용 불량자도 된 겁니까?"

김수현이 다시 최민중에게 물었다.

"그, 그건……."

최민중의 얼굴이 붉어졌다.

김수현은 이 기회를 놓치지 않고 최민중에게 다시 질문을 던졌다.

"딱 한 번 국회의원을 했고, 그 뒤에는 쭉 백수, 아니 아무 일도 안 하고 노셨죠? 남편이 서점을 했다가 망했고, 지금은 온 가족이 신용 불량자고요. 세금을 내지 않았던 적도 있군요. 이렇게 경제관념도 없고, 국민의 의무인 세금도 잘 내지 않은 분이 오성시의 시장이 되면 어떻게 될까요? 오성시의 경제가 망하는 건 시간문제 아니겠습니까?"

김수현이 최민중을 이겼다는 자신감이 가득한 미소를 지었다. 그때, 표만복이 입을 열었다.

"최민중 후보 같은 민주화 운동가들의 노력과 희생으로 우리나라가 이만큼이나 민주주의 국가가 되었으니, 김수현 후보는 민주화 운동을 할 필요가 없었죠. 또 부모님이 엄청난 부자시니, 신용 불량자가 될 이유도 없었고요."

"나이가 어려서 민주화 운동을 할 기회가 없었던 것이 잘못입니까? 부모님이 부자이신 것도 잘못이냐고요? 대신 저는 미국의 하버드와 예일 대학, 영국의 옥스퍼드 대학에서 공부했습니다. '하나를 보면 열을 안다'고, 공부 잘하는 사람이 정치도 잘하지 않겠습니까?"

"김수현 후보는, 민주화 운동이 한창일 때 대학 입학률이 높은 고등학교에 들어가기 위해 그 학교 근처로 이사 간 척 주소만 바꿨지요. 그리고 집도 부모님이 사 주시고, 차도 부모님이 사 주셨죠. 하나 더 말씀드릴 게 있지만 그건 나중에……."

"그, 그게 무슨 말입니까? 제가 방송국 아나운서라는 건 온 국민이 다 아십니다. 저도 일해서 돈을 벌었습니다."

"일을 하고 돈을 벌었지만, 버는 돈보다 쓰는 돈이 더 많은 게 문제죠. 또 부모님께 재산을 물려받았으면서 상속세는 한 푼도 내지 않은 게 문제고요. 김수현 후보는 경제관념도 없고, 법도 지키지 않았단 겁니다, 제 말은."

"표, 표, 표만복 후보는 십여 년 만에 엄청난 부자가 되셨는데, 그게 법을 제대로 지키면서 가능한 일입니까? 분명히 공무원들에게 뇌물을 주거나 불법으로 번 돈이겠지요."

"증거 있어요? 내가 불법으로 돈을 벌었다는 증거? 시장을 하겠다고 나선 후보가 상대 후보를 거짓으로 비방이나 하고……. 참 한심합니다."

표만복이 김수현을 비웃으며 고개를 저었다.

김수현의 얼굴이 최민중의 얼굴보다 더 빨개졌다. 다급하게 준비해 온 서류를 들척이다 말고 김수현이 번쩍, 고개를 들었다. 얼굴에는 특유의 멋진 미소가 다시 떠올라 있었다.

"표만복 후보도 군대를 안 갔으면서 저를 공격했군요? 설마, 돈을 버느라 군대에 갈 시간이 없었던가요?"

"맞습니다. 전 돈을 버느라 군대에 가지 않았습니다. 가난해서 학교를 다니지 못했거든요. 학력 미달로 군대에 못 갔죠. 대신 남들이 학교에 다니고 군대에 간 동안, 저는 호떡을 팔아서 동생들의 학비를 냈습니다. 덕분에 동생들은 다 대학교까지 보냈습니다. 물론 군대에도 다 갔고요."

표만복의 얼굴에 자부심이 가득했다.

"우리 김수현 후보는 여성 유권자들에게 참 인기가 많습니다. 그런데 아직 결혼을 안 하셨더군요."

"네, 우리나라의 언론을 위해 열심히 일하느라 결혼할 시간도 없었죠."

김수현이 고개를 끄덕였다.

"그런데 참 이상한 일이 있습니다. 제가 알아보니 김수현 후보의 아내와 아들, 쌍둥이 딸이 미국에 살고 있더군요. 결혼은 안 했는데 아내와 자식이 있다는 겁니까?"

"그, 그, 그건 거짓말입니다."

김수현의 얼굴이 이젠 하얗게 질렸다. 하지만 표만복은 아랑곳없이 계속 말을 이었다.

"그럼 이 사진들은 뭔가요?"

표만복이 두 장의 사진을 들어 보였다. 한 장은 김수현의 결혼식 사진이었고, 또 다른 한 장은 부인, 아이들과 함께 찍은 가족사진이었다.

김수현은 그 사진들을 보고는 아무 말도 하지 않았다. 그저

입만 벙긋거렸을 뿐이었다.

기자들은 정신없이 표만복이 든 사진을 찍었다. 한별님도 급히 사진을 찍었다.

"직업이 없는 학생 신분이면서 부인과 자식이 세 명이나 있으니, 군대에 가지 않았군. 군 면제 사유니까 말이야."

통 대장이 수첩에 메모하며 중얼거렸다.

"최민중 후보께선 오성 시민들을 어떻게 생각하십니까? 제가 듣자 하니, 우리나라 국민들의 시민의식이 낮다고 걱정하신다던대요. 그럼, 오성 시민의 의식 수준은 어떻게 보십니까?"

김수현은 자신에게 상황이 불리해지자, 사람들의 관심을 돌리기 위해 최민중에게 질문했다.

"우리나라의 민주주의는 더욱 발전해야 한다고 생각합니다. 하지만 오성 시민을 포함한 우리 국민이, 다른 민주주의 국가의 국민들보다 의식 수준이 더 낮다거나 무식해서 그렇다는 것은 아닙니다. 단지 제대로 민주주의를 겪어 보지 못했고, 민주주의 국가가 된 역사도 짧기 때문인 거죠. 저는 국민이 더욱 자유롭고 더욱 평등한 대접을 받으며 안전하고 건강하게 살기를 바랍니다. 우리 모두 존엄한 존재이기 때문이죠."

최민중이 김수현을 바라보며 차분하게 대답했다.

☆☆ <u>언론은 국민에게 후보에 대해 정확하게 알려 줘야 한다. 그래서 텔레비전 토론회도 방송하고, 후보에 대한 정보도 알려 주는 것이다.</u>

황송하지는 텔레비전 토론회를 보며 수첩에 이렇게 적었다.

"참, 제갈 기자님은 누구를 뽑을 거예요?"

황송하지가 자두맛 사탕을 입에 넣으며 옆에 앉은 제갈윤에게 물었다.

"글쎄……, 아직은 후보들에 대해 잘 모르겠다. 조금 더 생각해야 하지."

"저라면, 표만복 후보는 제 친구의 아빠니까 그 분을 뽑겠어요. 저는 의리 있는 사람이니까요."

"어이쿠! 그런 건 의리가 아니야. 자기랑 친하다고 우리의 대표로 뽑아 주면 안 된다 하지."

"그래요? 히히, 잘됐다. 사실 저는 김수현 후보가 좋거든요. 잘생겼잖아요."

"뭐라고? 아휴, 후보들의 토론회를 본 보람이 하나도 없구나. 좋아, 지금부터 참정권에 대해 특별 교육을 실시하겠다. 준비, 하지!"

 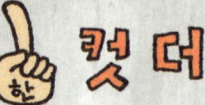 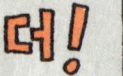 

유권자는 선거할 권리가 있는 국민을 말하죠? 선거할 권리 외에 국민이 가지는 권리는 뭐가 있나요?

국가는 국민이 꼭 누려야 하는 권리(기본권)를 헌법으로 정해서 보장하고 있어. 헌법에 국민의 기본권으로 정해진 권리는 5가지야.

우선 선거에 참여할 수 있는 권리가 있어. 내가 투표해서 대표를 뽑을 수도 있고, 내 스스로가 대표로 나설 수도 있고, 공무원이 되어 나랏일을 할 수도 있지. 또 나라의 중요한 문제에 대해 찬성, 반대 의견을 투표로 결정할 권리도 있어. 이렇게 나랏일에 참여할 수 있는 권리를 **참정권**이라고 해.

자유권은 국가로부터 간섭받지 않고 자유롭게 행동하고 생각할 수 있는 권리야. 신체의 자유, 거주·이전의 자유, 직업 선택의 자유, 종교의 자유, 언론·집회·결사의 자유 등이 있어. 신체의 자유는 내 몸을 마음대로 할 수 있는 자유야. 거주·이전의 자유는 내가 살고 싶은 곳에서 살 수 있는 자유야. 직업 선택의 자유는 자기가 원하는 직업을 가질 수 있는 자유이고, 종교의 자유는 원하는 종교를 가질 수 있는 자유야. 그리고 언론·집회·결사의 자유는 자기의 생각과 의견

을 밝힐 수 있고, 자기와 같은 생각과 의견을 가진 사람들이 함께 모여서 단체로 행동할 수 있는 자유야.

평등권은 모든 국민은 가난하든 부자든, 여자든 남자든, 또 사회적 지위가 높든 낮든, 어떤 종교를 가지고 있든 상관없이 차별받지 않을 권리야. 하지만 열심히 일한 사람과 일하지 않은 사람, 열심히 공부한 사람과 공부하지 않은 사람이 똑같은 대우를 받지는 않아. 일할 수 있는 기회, 공부할 수 있는 기회는 모든 사람에게 평등하게 주어지지만 그 결과까지 똑같을 수는 없으니까. 그래서 평등은, 기회의 평등이지 결과의 평등은 아닌 거야.

사회권은 모든 국민이 인간다운 생활을 할 수 있도록 보장받을 권리인데, '행복추구권'이라고도 하지. 그래서 국가는 돈이 없는 국민에게 최저 생활을 보장해 주고 있어. 사회권에는 교육을 받을 수 있는 권리, 일할 기회를 요구할 권리, 깨끗한 환경에서 살 권리 등이 있어.

국민은 국가에게 어떤 행위를 해 달라고 요구할 수 있는 **청구권**이 있어. 청구권에는 청원권과 재판청구권이 포함되는데, 청원권은 국가에 자신이 원하는 것을 요청할 수 있는 권리야. 만약 학교 앞에 횡단보도가 없어서 길을 건널 때마다 위험하다면 학교 앞에 횡단보도를 만들어 달라고 국가에 요구할 수 있어. 그리고 재판청구권은 억울한 일을 당했거나 다툼이 있을 때, 혹은 국가에 의해서 손해를 입었을 때 재판을 받아서 문제를 해결할 수 있는 권리야.

김수현 후보가 군대에 가지 않았다고 비난을 받았어요. 군대에 가지 않은 게 나쁜 일을 저지른 건가요?

군대에 가는 것은 국민의 의무이기 때문이야. 우리가 하기 싫어도, 꼭 해야만 하는 일을 의무라고 하지? 군대에 가는 것을 **국방의 의무**라고 해. 비록 남자들처럼 군대에 가지는 않지만, 국민 모두에게 국방의 의무가 있어. 국가를 지켜야 할 의무가 있는 거지.

국민에게 권리만 있다면, 국가는 약해지고 엉망이 될 거야. 그래서 국가를 유지하기 위해 꼭 필요한 '국민의 의무'도 헌법으로 정해서 지키도록 하고 있어.

국방의 의무 말고도, 국민은 **납세의 의무**가 있어. 모든 국민은 세금을 내야 하지. 어른들뿐 아니라 어린이들도 세금을 내고 있어. 물건

길에서 방귀 뀌는 아빠는 환경보호 꽝이다!!

을 사고 받은 영수증을 자세히 보렴. 영수증에 부가세라고 찍혀 있고, 물건 값으로 낸 금액의 1/10(10%)이 적혀 있을 거야. 그런데 국민이 세금을 내지 않으면 어떻게 될까? 우리를 보호해 주는 군인, 경찰, 소방관뿐 아니라 공무원, 환경미화원 등도 없을 거야. 학교, 도서관, 도로, 공원 등도 만들 수 없겠지. 세금을 내야 국가가 그 세금으로 나라 살림을 할 수 있으니까 말이야.

교육의 의무도 있어. 뭐? 교육을 받을 권리 아니냐고? 와, 정말 잘 기억하고 있구나. 맞아, '교육'은 국민의 기본 권리이자 동시에 의무이기도 해. 우리 자신을 위해서도, 국가를 구성하는 국민의 한 사람으로 살아가기 위해서도 교육을 받는 것은 꼭 필요하지. 그래서 '의무 교육'이란 말이 있는 거야. 현재 우리나라의 국민은 초등학교 6

년, 중학교 3년 동안 교육을 받아야 할 의무가 있어.

교육처럼 **근로**도 국민의 권리인 동시에 의무야. 일을 하지 않으면 자기 자신은 물론, 국가에도 피해를 주기 때문이야.

환경 보전의 의무는 자연을 잘 보호하고 환경을 깨끗하게 보전해야 하는 의무야. 우리는 깨끗한 환경에서 살 권리가 있지? 깨끗한 환경에서 살려면, 우리 스스로 환경을 지켜야 해. 마찬가지로 우리의 후손 역시 깨끗한 환경에서 살 권리가 있어. 그렇기 때문에 우리는 환경을 잘 보전해서 후손에게 물려줘야 할 의무도 있어.

그런데 국가는 국민을 위해 있는 건데, 왜 국민에게 이런 의무를 지키라고 하는 걸까? 그 이유는 국민이 이런 의무를 지키지 않으면 국가는 지탱할 힘도, 발전할 수도 없기 때문이야. 또한 국가가 힘이 없어지면 그 국가에 속한 국민도 안전하고 행복하게 살 수 없기 때문이지.

이것만은 기억하자!

국민은 국가의 주인이기 때문에, 누려야 할 권리들과 국가를 위해 해야 할 의무들이 있다.

1. 자유권, 평등권, 사회권, 참정권, 청구권은 국민의 기본권이다.
2. 국민에게는 납세, 국방, 교육, 근로, 환경 보전의 의무가 있다.
3. 국민의 기본권과 의무는 아주 중요하기 때문에 헌법으로 정해서 지켜진다.

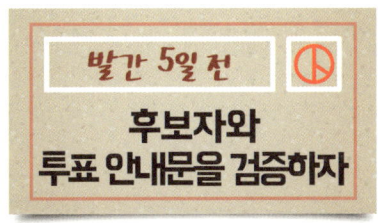

"어제, 집으로 투표 안내문이랑 선거 공보(후보자의 기호, 이름, 경력, 정견, 사진 따위를 실어 유권자에게 배포하는 문서), 후보자 홍보물이 우편으로 왔더군."

통 대장이 선거관리위원회가 보낸 우편봉투를 보여 주며 말했다.

"선거 공보랑 후보자 홍보물에 적힌 공약대로만 한다면 얼마나 좋겠어요."

제갈윤이 고개를 흔들었다.

"그러게 말이야. 제갈 기자는 홍보물에 적힌 후보들의 경력에 거짓은 없는지 조사하고, 한 기자는 투표소가 바뀐 곳은 없는지 확인하게. 그리고 표만복 후보랑 김수현 후보는 아직 인터뷰를 못 했으니 오늘 만나 보자고. 김수……."

"김수현 후보는 제가 인터뷰하겠어요."

호리병이 평소와 달리 아주 잽싸게 나섰다.

"그렇게 해. 나는 표만복 후보를 만나야겠군."

통 대장은 표만복이 유세를 하는 덕양마을 노인회관에 찾아갔다. 노인회관에는 표만복을 지지하는 노인들로 가득했다.

"표만복입니다. 어르신들, 잘 부탁드립니다."

표만복이 노인들을 향해 큰절을 했다. 그러자 제일 앞에 선 할아버지가 표만복을 일으켜 세웠다.

"표 후보가 훌륭한 사람인 건 우리가 잘 알지. 우리가 어디 한두 해 만난 사이인가? 우리 마을에 공동 목욕탕도 만들어 주고, 고추 말리는 기계도 사 주고, 아이들 장학금도 빵빵하게 줬잖아. 표 후보 같은 사람이 시장이 돼야지."

"아이고, 어르신. 감사합니다. 제가 시장만 되면, 우리 오성시를 위해 뼈 빠지게 일할 겁니다. 허허허허."

표만복의 얼굴에 자신감이 가득했다.

"표 후보의 공약 중에 '오성시를 올바른 도시로 만들겠다.'가 있죠? '올바른 도시'라는 건 어떤 도시입니까?"

통 대장과 표만복은 노인회관 앞 평상에 앉아 인터뷰를 시작했다.

"나라에 충성하고, 부모에게 효도하고, 가족 간에 화목한 시민들이 사는 도시지. 또 남자다운 남자, 여자다운 여자가 사는 도시지."

"하하. 혹시 조선시대로 되돌아가고 싶은 건가요?"

"좋지. 조선시대도 꽤 괜찮은 시대였어."

통 대장의 농담이 무색하게 표만복은 진지하게 대답했다.

"민주주의라면 다 좋은 것 같지? 그렇지 않아. 국가의 주인이 될 자격도 없는 놈들이 자유니 평등이니, 인간 존엄성이 어쩌고 하면서 자기에게 이로운 주장만 하지. 자기들 손으로 단돈 천 원도 벌어 본 적 없는 놈들이 말이야. 그런 놈들이 국가의 주인이라고? 국가는 말이야, 성공한 사람들이 다스려야 해. 평등? 말도 안 되는 소리지. 조선시대에 양반과 평민, 노비가 있었던 것처럼 사람들은 수준이나 능력이 다 다르단 말이야."

"지금은 21세기예요. 신분제도가 사라진 지가 언제인데 양반이니 노비니 그런 고리타분한 말씀을 합니까?"

"요즘, 노인들이 모이면 제일 많이 하는 걱정이 바로 나라 걱정이야. 젊은이들이 패기가 없고 편한 것만 찾으니 나라 꼴이 엉망이라고. 능력도 없으면서 편하고, 월급을 많이 주는 직업만 가지려고 해. 힘든 일을 하느니 부모님께 용돈을 받아서 살려고 하고. 그러면서 돈이 없어서 결혼을 못 한다, 아이를 못 낳는다는 핑계를 대잖아. 그럼 부모님은 어떻게 자기들에게 줄 용돈을 버냐고? 다들 자식을 위해 힘든 일, 위험한 일, 지저분한 일을 가리지 않고 해서 번 돈이잖아."

"젊은이들이 나태하고 약하다는 말씀인가요?"

"그렇지. 나는 나약하고 이기적인 젊은이는 굶겨야 한다고 생각해. 아니면 강제로 일을 시키거나."

"하지만 누구나 자기가 하고 싶은 일을 할 권리가 있잖아요?"

"그런 생각이 문제야. 누구나 하고 싶은 일을 원하지. 그건 당연해. 하지만 그럴 능력이 안 되면 얼른 포기하고 자기가 할 수 있는 일을 해서 돈을 벌어야지."

"표만복 후보에겐 돈을 버는 게 가장 중요하군요. 하지만 그동안 직업이 없는 사람에게 생활비를 지원해 주고, 병원비도 대신 내 주셨잖아요?"

"그거야, 인기가 있어야 시장이 될 수 있으니까 그런 거지. 사람들에게 돈을 주어야 나를 뽑는다니까? 인기를 얻는 데는 돈이 최고야!"

통 대장의 질문에 표만복이 씨익 웃었다. 통 대장은 표만복의 미소를 보며 소름이 돋았다.

"이보게, 통 대장. 젊은이들 중에는 남자인지 여자인지 구분이 안 가는 사람이 많지? 화장하는 남자도 있다더군. 나 참, 그렇게 정신 상태가 썩었으니 일을 할 수 있겠어? 그런 놈들은 다 잡아들여서 정신 교육을 시켜야 해. 남자는 짧은 머리에 긴 바지를 입고 다녀야 해. 여자들은 머리를 단정하게 기르고, 치마를 입어야 하고. 남자나 여자나 똑같이 입고 다닐 거면 남녀 구분이 무슨 필요가 있어?"

"어떻게 꾸미고 다니는지는 자기 자유 아닐까요?"

"자유? 자유가 밥 먹여 주나? 온 국민이 똑똑한 지도자의 명령에 일사불란하게 움직여야 나라가 잘살게 되는 거야. 그리고 남자랑 여자는 분명히 달라. 내가 시장이 되면 머리가 긴 남자, 바지를 입는 여자에게 다 벌줄 거야. 또 노인을 존경하지 않는 사람에게도 벌줘야지. 특히, 부모에게 반말하고 무시하는 놈들은 가만두지 않을 거야."

"요즘은 부모와 자녀가 친구처럼 지내는 가족이 많은데요?"

"그게 문제라고. 어떻게 감히 부모를 친구처럼 대해? 말도 안 되지."

"젊은 유권자들은 표만복 후보의 생각을 싫어할 것 같군요."

"젊은 사람이 뭘 알아? 나는 초등학교만 졸업했지만 열심히 일해서 이렇게 성공했어. 부모님께도 큰 집을 사 드렸고 잘 모시고 있다고. 나처럼 성공한 사람의 말을 들어야 젊은이들도 성공할 수 있는 거야. 난, 단 한 번도 틀린 적이 없어. 실패한 적도 없지."

통 대장은 가슴이 답답했다. 표만복은 자기 생각만 옳다고 생각했다.

'표만복 회장이 이런 사람이었다니……! 표만복 회장은 우리나라가 자유민주주의 국가라는 건 아는 걸까? 이건 뭐 독재자가 따로 없군.'

통 대장은 한숨이 절로 나왔다.

한편, 호리병은 월급을 몽땅 털어서 산 핑크 원피스를 입고, 미용실에서 머리도 예쁘게 손질했다. 그러곤 김수현 후보를 만나러 선거 사무실로 향했다.

"통신문의 호리병입니당. 김수현 후보, 바쁘실 텐데 시간을 내주셔서 감사합니당."

호리병이 고개를 숙여 다소곳이 인사했다.

"반갑습니다. 여기 앉으세요."

김수현이 얼굴 가득 환한 미소를 지으며 편안한 소파로 호리병의 손을 잡아끌었다.

"어머나!"

호리병은 짧은 비명을 지르며 얼른 손을 뺐다. 얼굴이 딸기처럼 붉어졌다.

"앙~, 바로 인터뷰를 시작하죵. 앙~, 김수현 후보께서는 어떤 시장이 될 생각입니깡?"

호리병이 김수현의 얼굴을 힐끔 보며 물었다.

"훌륭한 시장이 될 생각입니다."

"넹? 앙~, 그러니까 어떤 시장이 훌륭한 시장이라고 생각하는지를 물어본 거예용."

"훌륭한 시장이 훌륭한 시장이지, 어떤 시장이 훌륭한 시장이라니요?"

김수현은 황당하다는 듯 호리병을 빤히 보았다. 호리병도 김수현의 말에 황당했지만 감히 얼굴을 똑바로 보지는 못했다.

부유한 집안에서 태어나고, 공부와 운동을 잘했으며, 키 크고 잘생기기까지 한 김수현은 수많은 오성시 여학생들의 첫사랑 상대였다. 그리고 호리병의 첫사랑이기도 했다. 천 일 동안 짝사랑을 하다가 용기 내어 고백했지만, 김수현은 단 한마디로 거절했다.

"몸무게가 100킬로그램이 넘지? 99킬로그램이 되면 다시 와라."

그 후, 호리병의 일생일대의 목표는 99킬로그램이 되는 것이었다. 하지만 아무리 다이어트를 해도 스트레스로 살은 더 쪘다.

'미안해요, 99킬로그램이 못 되어서.'

호리병은 지난 일이 떠올라 울컥했다. 하지만 서둘러 고개를 저으며 옛 기억을 떨쳐 버렸다.

'나는 기자야. 집요하게 취재해서 독자에게 정확한 사실을 알려야 한다고.'

"요즘 복지에 관심이 많아지고 있는데요, 김 후보님은 오성시의 복지 정책을 어떻게 하실 계획입니까?"

"복지, 참 좋지요. 모든 사람이 놀고먹으면 얼마나 좋겠습니까? 하지만 누군가는 돈을 벌어야 하고, 시는 세금을 받아야 합니다. 그래야 시를 운영하고 시민들의 복지도 챙길 수 있으니까요. 하지만 오성시의 복지 정책은 좀 도가 지나친 것 같아요."

"그게 무슨 말씀이신지요?"

"우리나라는 자본주의 국가입니다. 돈 있는 사람이 더 잘사는 게 당연하죠. 그런데 돈도 없으면서 부자들처럼 살고 싶어하는 사람들이 많습니다. 자식들을 대학도 모자라 유학까지 보내려 하고, 해외여행도 다니려고 해요. 그러면서 나라에 요구하는 건 어찌나 많은지. 학교도 공짜, 급식도 공짜, 그리고 노인과 어린아이에겐 지하철도 공짜예요. 의료보험으로 병원비도 나라에서 지원해 줍니다. 어디 그것뿐입니까? 가난한 사람들에겐 나라에서 생활비도 줍니다. 이러다간 집도 공짜로 달라고 할 판이에요."

"그게 복지국가 아닙니까? 또 국민에게 그 정도의 복지를 해 줄 만큼 우리나라가 잘살고요."

"우리나라가 잘사는 건 아니죠. 우리나라 국민 중 일부가 잘사는 겁니다. 그들이 돈을 많이 번 만큼 세금을 많이 내는 거고요. 그러니 부자와 가난한 사람을 평등하게 대하면 안 됩니다."

"그렇지만 사람은 누구나 평등하잖아요?"

"돈이 더 많은 사람, 공부를 더 잘하는 사람, 운동을 더 잘하는 사람, 더 예쁜 사람이 있잖아요? 그런 사람과 그렇지 않은 사람을 똑같다고 하는 건, 말이 안 되죠. 어떻게 사장과 직원이 평등하고, 못난이와 미인을 평등하다고 말할 수 있습니까? 사장은 직원보다 수십 배, 수백 배 돈을 많이 벌고, 또한 직원을 해고할 힘도 있잖아요."

"그러니까 정치가 필요하고, 법이 필요한 것이죠. 약자를 보호하기 위해서요."

"참 나, 약자만 국민입니까? 그럼 성공한 사람은 누가 보호합니까? 우리나라를 부유한 국가로 만들고, 가난한 사람들에게 복지를 할 돈은 부자가 낸 세금이에요. 약자가 아니라 부자들을 보호해야 나라가 계속 잘살게 되는 겁니다."

호리병은 김수현의 대답을 들을 때마다 숨이 막혔다.

"김 후보님께서는 여성 유권자들에게 인기가 많으시죠? 선거 홍보물을 보니, 오성시 여성들을 위한 공약이 특이하더군요. '아름다운 여자가 되자'라는 프로그램을 만드시겠다고요? 이게 뭔가요?"

"여자들은 '예쁘다'고 칭찬하면 굉장히 좋아하지 않습니까? 그런데 뚱뚱하면 예쁘지도 않고, 건강에도 나쁘죠. 몸무게가 100킬로그램이 넘는 여성들의 몸무게를 줄여 주는 프로그램을 만들겠다는 겁니다."

김수현이 호리병의 불룩한 배를 보며 미소를 지었다.

"네……, 그렇군요."

호리병은 허리를 가늘게 보이도록 배에 힘을 잔뜩 주고 숨도 쉬지 않았다.

"하하하하. 숨을 안 쉰다고 허리가 가늘어지지도, 몸무게가 줄지도 않죠. 사실, 저는 뚱뚱한 여자를 싫어합니다. 뚱뚱한 여자는 예쁘지도 않지만, 다른 사람에게 피해도 주죠. 지하철이나 버스 옆자리에 뚱뚱한 사람이 앉으면 답답하죠. 또 열은 얼마나 뿜어내는지, 옆에 있기만 해도 덥다니까요. 여름엔 땀 냄새도 많이 나고. 아휴, 문제가 많습니다."

"뚱뚱한 사람이라고 꼭 열이 많거나 지저분한 것은 아니에요."

"얼마나 게으르면 그렇게 살이 찌겠습니까? 운동을 안 하면 먹는 양이라도 줄여야지. 아휴, 한심합니다."

김수현은 호리병의 말은 들은 척도 않고 고개를 저었다.

호리병은 김수현의 얼굴을 매섭게 쳐다봤다. 20년 동안의 짝사랑이 한순간에 끝나 버렸다. 김수현은 다른 사람이 적어 준 공책을 보지 않으면 제대로 정책을 말하지도 못하는 사람이고, 자기가 어떤 시장이 될지도 모르는 사람이다. 사람을 외모로 판단하는 편협한 사람이고, 사람을 차별하고 평등이 무엇인지도 모르는 사람이다.

"인터뷰는 여기서 마치겠습니다. 시간을 내주셔서 감사합니다."

호리병은 김수현의 손을 덥석 잡더니 힘차게 흔들었다. 마음이 가벼웠다. 빨리 통신문사로 돌아가서 김수현에 대한 기사를 쓰고 싶었다.

표만복 후보의 말은 정말 이상해요. 누구나 자기가 하고 싶은 일을 하고, 자기 마음대로 꾸미고 다닐 자유가 있잖아요. 표만복 후보는 민주주의자가 아니라, 공산주의자가 아닐까요?

표만복 후보를 민주주의자가 아니라 공산주의자 같다고 한 것은 민주주의와 공산주의가 서로 반대말이라고 생각해서지? 그런데 민주주의의 반대는 공산주의가 아니야. 민주주의는 국민이 국가의 주인이고, 국민을 위해 국민 스스로가 국가를 다스리는 정치 용어야.

하지만 공산주의는 경제와 관련된 용어야. 모든 사람들이 재산을 공평하게 나눠 가져서, 부자도 없고 가난한 사람도 없는 평등한 사회를 만들려고 하지. 그렇기 때문에 국민의 자유와 권리가 무시될 수도 있지. 참고로, 공산주의의 반대는 자본주의야. 자기 능력에 따라 일해서 재산을 모을 자유가 있다는 생각이지.

그럼 민주주의의 반대말은 뭘까? 전체주의, 독재 같은 말이 될 수 있겠다. 전체주의는 권력을 가진 몇몇 사람들이 국민을 감시하면서 국민의 기본권, 특히 자유를 억누르는 사회야. 고백하는데, 나도 민주주의와 공산주의가 서로 반대말인 줄 알았어. 그건 전체주의 국가들이 경제체제로는 공산주의를 선택했기 때문일 거야. 예전엔 독일도 히틀러와 나치스가 다스리는 전체주의 국가였어. 스탈린이 다스렸던 시기의 소련도 그랬지. 이 나라들은 전체주의 국가이면서 공산주의 사회였거든. 현재의 북한도 그렇고.

그럼 대부분의 국가에서 민주주의를 선택한 이유는 뭘까? 그건 민주주의의 목표가 자유와 평등을 통해서 인간의 존엄성을 지키는 것이기 때문이야. 모든 사람이 자유롭게 살고, 또 차별받지 않는 평등한 사회에서 사는 것, 그렇게 해서 자신의 존엄성을 지킬 수 있는 사회가 바로 민주주의가 꿈꾸는 사회거든. 참, 인간의 존엄성이란 '인간으로 태어났다는 이유 하나만으로도 존엄한 존재'라는 믿음이야.

오성시장 후보들이 마음에 안 들어요. 대표를 뽑지 않고 국민이 직접 나라를 다스리면 안 되나요?

민주주의는 고대 아테네에서 시작되었어. 아테네의 모든 성인 남자는 함께 모여서 나랏일을 의논하고 결정했다고 해. 이렇게 국민이 직접 국가를 다스리는 것을 직접민주주의라고 해.

그런데 현재의 국가들은 국민이 아주 많고, 영토도 넓어서 함께 모여 의논하고 결정할 수 없어. 그래서 국민을 대신해서 일할 대표를 뽑아. 이것을 대의민주주의라고 하는데, 국민이 뽑은 대표를 통해서 정치를 간접적으로 하는 거라고 해서 간접민주주의라고도 부르지.

 선거는 중요하니까 실수는 금물!!

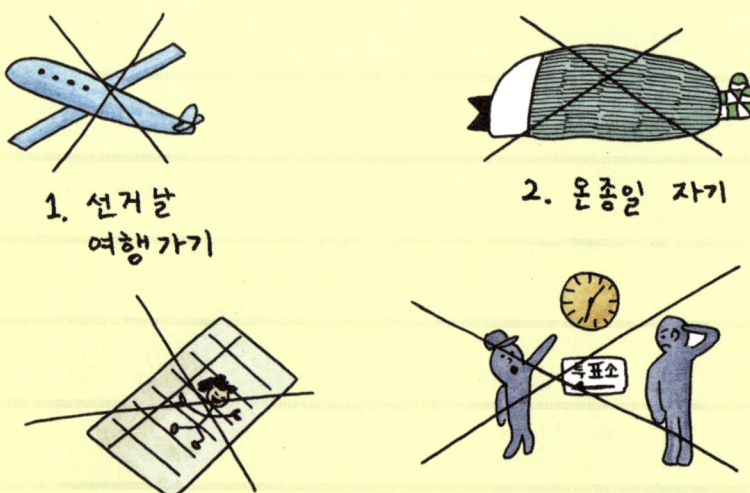

이렇게 나를 대신해서 일할 대표를 뽑는 것이 선거야. 그리고 자기가 선택한 후보에게 표를 던지는 행동은 투표라고 해. 선거를 통해서 뽑은 대표들이 법을 만들고 국가의 여러 일들을 돌보지. 그래서 선거가 중요해. 국민과 국가를 위해 열심히 일할 사람, 법을 잘 지키고, 국민이 원하는 것을 잘 알아주는 사람을 대표로 뽑아야 하니까.

그런데 국민의 대표자가 국민의 의견을 무시하고 자기 마음대로 정치를 할 수도 있어. 이런 대의민주주의의 단점을 보완하기 위해서 국민투표제도, 주민소환제도, 지방자치제도 등을 함께하고 있어. 이 내용은 뒤에서 자세히 알아보자.

이것만은 기억하자!

대다수의 국가들이 민주주의를 선택한 이유는, 민주주의의 목적 때문이다.

1. 인간은 누구나 태어나면서부터 존엄한 존재이다. 이것을 '인간의 존엄성'이라 한다.
2. 사람은 모두 자기가 원하는 대로 살 자유가 있다.
3. 사람은 모두 다르다. 성격, 생각, 외모, 능력이 다 다르다. 하지만 모든 사람은 평등한 대우를 받아야 한다.
4. 민주주의의 목적은 자유와 평등을 통해서 인간이 존엄하게 사는 것이다.

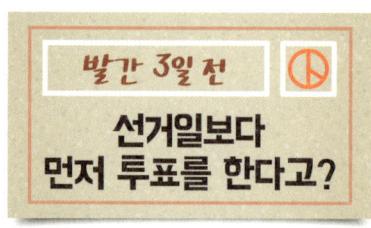

"아빠, 오늘은 투표하는 날도 아닌데, 왜 저 분들은 벌써 투표를 해요?"

황송하지가 컵떡볶이를 먹으며 통 대장에게 물었다.

"투표는 자기 집 주소 근처의 투표소에서 하거든. 그런데 선거일에 투표소에서 멀리 있으면 투표하기 어렵잖아. 그래서 미리 투표할 수 있게 하는 거야. 이걸 사전투표라고 하지."

통 대장이 황송하지의 입가에 묻은 고추장 국물을 닦아 주며 대답했다.

"음, 군인 아저씨나 경찰 아저씨처럼요?"

"그렇지. 선거일에도 근무하는 경찰관이나 소방관들이 있고, 집에서 멀리 떨어진 곳에서 공부하거나 직장에 다니는 사람들도 있으니까."

황송하지는 얼른 떡볶이 컵을 벤치에 내려놓고 수첩에 이렇게 적었다.

- 사전투표는 선거일에 투표할 수 없는 유권자들이 미리 투표를 하는 것이다.
- 주소지에 상관없이 가기 편한 사전투표소에 가서 투표하면 된다.

오늘은 오성시장 보궐선거의 사전투표일이다. 통 대장은 황송하지와 함께, 신정동 주민센터에 설치된 사전투표소를 찾아갔다. 투표하는 사람이 별로 없는지 투표소는 한산했다.

"저기, 할머니랑 할아버지가 오신다. 아빠가 인터뷰하는 동안 어디 가면 안 된다."

통 대장은 황송하지에게 주의를 주고, 투표하러 온 할아버지와 할머니를 향해 다가갔다.

"안녕하십니까, 어르신? 〈통신문〉에서 나왔습니다. 투표하러 오셨죠?"

"그렇지. 취재하러 왔나 보네. 우리도 통신문을 보는데……."

"감사합니다. 그런데 투표일엔 바쁘신가 봅니다. 오늘 사전투표를 하러 오신 걸 보면요."

"호호호호. 그래요. 우리 아이들이 참 효심이 깊고 다 착해. 그런데 하필 선거일에 효도 관광을 보내 준다고 해서……. 그렇다고 투표를 안 할 수는 없잖아요. 국민의 의무인데. 호호호호."

할머니는 주머니에서 초콜릿 맛 캐러멜을 꺼내 황송하지에게 주었다. 황송하지는 날름 캐러멜을 입에 넣었다.

"기자라고? 그럼 후보들에 대해서 잘 알겠네. 뭐, 정보 좀 줘봐. 그래야 우리가 제대로 된 후보를 뽑지."

할아버지가 통 대장의 어깨를 툭 치며 말했다.

"선거 특별호가 선거일 전에 나옵니다. 그 전에는 기사 내용에 대해 말씀을 못 드리죠."

"에이, 특별호가 그렇게 늦게 나오면 어떡해? 우리처럼 미리 사전투표하는 사람들은 특별호를 보지 못하고 투표하잖아."

"그럼 할아버지는 누굴 찍을지 아직 못 정하셨어요?"

황송하지가 할아버지를 빤히 쳐다보며 물었다.

"그건 아니지만……. 우리야 이미 확실하게 정했지. 그치?"

할아버지가 할머니를 돌아보며 말했다.

"네. 우린 표만복 후보죠."

할머니가 황송하지의 볼에 묻은 고추장 국물을 손수건으로 닦아 주며 말했다.

"사실 나는 김수현 후보가 좋아요. 김수현 후보는 명문 대학교도 나오고, 뉴스 진행도 잘하고, 잘생겼잖아요. 그런 사람이 오성시장이 되면 얼마나 자랑스럽겠어요?"

"또 쓸데없는 소리를 한다. 공부 잘하면 뭐해? 인물이 잘나면 뭐하냐고? 그런 건 자기가 성공하는 데는 좋을지 몰라도, 나랏일을 하는 데는 아무 소용이 없어. 표만복 회장처럼 고생도 하면서 성공한 사람이 경험이 많아 일도 잘하는 거야."

할아버지가 할머니를 보며 언짢아했다.

"아휴, 알았어요. 그러니까 내가 당신 따라서 표만복 후보를 찍는다잖아요."

할머니가 인상을 찡그렸다.

"아이고, 어르신들. 투표하러 오셨다가 부부 싸움을 하시겠습니다. 선거 날, 사정이 있으신데도 이렇게 사전투표를 하러 와 주셔서 대단히 감사합니다. 역시 우리 오성 시민은 시민의식이 엄청 높다니까요. 하하하하."

통 대장이 얼른 할아버지, 할머니 사이에 끼어들며 말했다.

두 사람이 투표소로 들어가는 것과 동시에 투표소에서 대학생처럼 보이는 젊은 남자가 나왔다.

"안녕하십니까? 〈통신문〉의 황소 기자입니다. 투표하고 나오신 겁니까?"

통 대장이 얼른 다가가 물었다.

"네. 그런데 지금 저를 인터뷰하는 건가요?"

"예, 그렇습니다. 바쁘시지 않으면 잠깐 말씀 좀 나누고 싶은데요."

"그럼 조금만 기다리실래요? 투표 인증 사진을 먼저 찍으려고요."

남자는 사전투표소라 적힌 안내판 옆에 서서 휴대전화로 인증 사진을 찍었다.

"아, 브이 자를 그리면 안 되는데요."

통 대장이 말렸다.

"왜요?"

"브이 자는 손가락 두 개를 편 거잖아요. 그래서 2번을 찍은 것처럼 보일 수도 있어서 선거관리위원회에서는 그런 사진은 찍더라도 인터넷에 못 올리게 합니다."

"아휴, 까다롭군요."

남자가 조금 전에 찍은 사진을 삭제했다. 그러고는 잠깐 고민하더니 주먹을 불끈 쥔 자세로 다시 사진을 찍었다.

"대학생처럼 보이는데, 왜 사전투표를 한 건가요?"

"투표일에 시험을 보거든요. 시험공부를 하느라 투표를 못 할 것 같아서 미리 투표하고 맘 편하게 시험을 보려고요."

"우아! 훌륭하십니다."

"훌륭하긴요. 당연한 일이죠. 투표는 국민의 권리이고 의무잖아요. 요즘엔 대학생들도 정치나 선거, 투표에 관심이 많아요.

예전엔 정치는 나랑 상관없는 일인 줄 알았는데, 이젠 정치가 내 생활에 아주 큰 영향을 미친다는 것을 깨달은 거죠."

"짝짝짝."

통 대장이 박수를 쳤다. 남자가 얼굴이 빨개지더니 살짝 웃었다.

"오빠, 멋있어요."

황송하지도 엄지를 척 들어 보였다. 그러곤 다시 수첩에 이렇게 적었다.

정치는 내 생활에 아주 큰 영향을 미친다.

"그럼, 아직 투표를 하지 않은 대학생들에게 한 말씀 해 주시죠."

"저는 재작년 지방자치단체장을 뽑는 선거 때는 투표를 안 했어요. 결국 오성시장으로 뽑힌 사람이 이번에 비리로 물러나게 돼서 다시 보궐선거를 하는 거잖아요. 오늘 제가 행사한 투표의 후보가 당선되었으면 좋겠습니다."

"같은 대학생 유권자에게 하고 싶은 말이 있습니까?"

"대학생 여러분, 여러분의 미래를 남의 손에 맡기지 마십시오. 직접 선택하십시오. 감사합니다."

"하하하. 말도 잘하네요. 인터뷰에 응해 줘서 감사합니다."

통 대장이 남자와 악수하며 말했다.

"우웅-. 우웅-."

그때 통 대장의 휴대전화가 울렸다.

"통 대장님, 바로 신문사로 오셔야겠습니다."

제갈윤의 목소리가 휴대전화에서 다급히 들려왔다.

통 대장은 황송하지를 집에 데려다주고 신문사로 향했다. 마침, 한별님도 신문사에 와 있었다.

"이메일로 이런 제보가 들어왔습니다."

제갈윤이 제보 내용을 출력한 종이를 건넸다.

통 대장은 글을 읽으며 점점 얼굴이 굳어졌다.

"표만복 회장이 전 오성시장의 비리와 관련이 있다는 거로군. 새 오성시 청사를 표만복 후보의 건설회사인 만복건설이 짓고 있지. 덕양마을에 길을 만드는 공사, 각 지역의 놀이터, 공원, 운동센터들도 만복건설이 맡았고……. 내용이 자세한 걸 보면 사실일 가능성이 높겠어."

"네. 저도 그렇게 생각합니다."

"만복건설에 전화해서 슬쩍 떠봐야겠어."

통 대장은 만복건설에 전화를 걸었다.

"김 전무님, 〈통신문〉의 황소입니다. 시 청사 말입니다. 아, 네. 새로 짓고 있는 거요. 그 사업은 어떻게 낙찰받은 건가요?"

통 대장이 짐짓 아무 일도 아니라는 듯 김 전무에게 물었다.

"네? 아이, 그냥 궁금해서요. 네? 아휴, 저야 오성시의 건설회사에서 맡는 게 좋죠. 그래도 혹시, 오성시에서 좀 도와준 게 있나 싶어서요."

"네. 전혀 도와주지 않았다고요? 그렇군요. 예. 알겠습니다. 김 전무님, 바쁘실 텐데 대답해 주셔서 감사합니다. 하하하."

통 대장은 웃으며 전화를 끊었다. 하지만 표정은 어두웠다.

"김 전무가 아주 당황하더군. 뭔가 숨기는 게 있는 거지."

"이런 일은 현장에서 일하는 사람들 소문이 정확하죠. 제가 시 청사를 짓는 건설 현장에 나가 보겠습니다."

"그래, 수고하게. 난 제보자를 만나고 나서 시청에 가지. 이

제보가 사실이라면 이번 호 통신문에 만복건설의 비리 기사를 싣자고."

"오늘 편집을 끝내고 인쇄소에 넘겨야 하니까 서둘러 주십시오. 파이팅!"

제갈윤이 신문사를 나서는 두 기자를 향해 외쳤다.

30분 후, 통 대장은 오성시에서 가장 큰 공원 벤치에서 제보자를 만났다. 제보자는 전 오성시장의 비서였다.

"이 공원도 만복건설에서 지은 거죠? 표만복 회장이 이 공원을 오성시에 기부해서 칭찬을 많이 받았죠."

"흥! 세상에 공짜가 어디 있겠습니까?"

통 대장의 말에 제보자가 코웃음을 쳤다.

"원래 이 땅은 표만복 회장의 것이었어요. 그런데 이 땅을 오성시장이 아주 비싸게 사 줬죠. 그리고 표만복 회장이 여기에 공원을 만들어 시에 기부한 거죠."

"아 그럼, 표만복 회장이 이 땅을 순수하게 오성시에 기증한 것이 아니군요."

"당연하죠. 표만복 회장이 얼마나 욕심이 많은 사람인데 자기 땅을 공짜로 오성시에 주겠습니까? 이 땅을 오성시에 비싸게 판 다음에, 그 돈의 일부로 공원을 지은 겁니다. 그러고선 이 공원을 자기가 공짜로 지어 준 것이라고 소문낸 거죠. 표만복 회장은 이 땅을 비싸게 팔아서 돈도 벌고, 공원을 공짜로 지어 줬다는 칭찬도 받고, 일거양득을 한 거죠."

"제보자 님의 말이 사실이라면, 왜 오성시는 표만복 회장이 땅을 팔아서 돈을 번 사실을 밝히지 않았을까요?"

"이번에 쫓겨난 오성시장을 가장 많이 도와준 사람이 표만복 회장입니다. 아마 표만복 회장이 오성시장에게 돈을 줬겠죠."

"그렇군요. 그럼 이번에 짓고 있는 새 청사는 어떻게 된 겁니까? 저희 통신문에 제보해 주신 것 말입니다."

"마찬가집니다. 전 오성시장과 표만복이 서로 짜고 저지른 비리죠."

"그런데 말입니다. 새 청사를 지을 건설사는 공개적으로 모집해서 선택합니다. 그 건설사가 얼마나 좋은 회사인지, 또 가장 싸게 청사를 지어 줄 회사인지 등을 검토하죠. 표만복 회장의

만복건설이 공모에 신청해서 정정당당하게 선택을 받은 것 아닌가요?"

"통신문사 취재부장이면서 참 순진하십니다. 새 청사를 지을 건설회사를 뽑는 공모에 세 개의 건설회사가 도전했죠. 만복건설, 네모건설, 중앙건설입니다. 중앙건설의 사장이 표만복 회장의 막내동생입니다. 작은 집 정도만 짓는 건설회사지요. 네모건설은 만복건설에서 가짜로 만든 회사고요. 청사는커녕 개집도 지어 본 적 없는 엉터리 건설사란 말입니다."

"그럼, 공모에 참여한 건설회사가 세 곳이지만, 실제로 새 청사를 지을 만한 건설회사는 만복건설뿐이란 거군요. 하지만 왜, 이 세 개의 건설회사 외에 다른 건설사들은 공모에 참가하지 않은 겁니까?"

"하고 싶어도 할 수가 없었죠. 이미 만복건설과 전 오성시장의 관계를 다 알고 있어서 어차피 공모에서 떨어질 게 뻔하니까요. 게다가 건설회사를 뽑는 공모를 달랑 나흘간 했습니다. 그것도 금요일 저녁에 공모를 시작해서 월요일 오전에 끝냈죠. 다른 건설회사는 공모가 있었는지도 몰랐을 겁니다."

"허 거참, 치밀한 계획을 세웠군요. 만복건설이 그런 곳일 줄은 정말 몰랐습니다."

"이런 방식으로 만복건설은 돈을 많이 벌었습니다. 그러니 만복건설이 지은 건물들을 다 조사해 보십시오. 비리가 많을 겁니다."

"네, 알겠습니다. 그런데 왜 오성시와 만복건설의 비리를 저희에게 알려 주시는 겁니까?"

"오성 시민의 한 사람으로서, 오성시 공무원으로서 당연히 해야 할 일을 한 것뿐입니다. 더 일찍 제보했어야 하는데 용기가 없었죠."

"아닙니다. 이렇게 용기를 내주셔서 오성 시민의 한 사람으로서 감사드립니다."

통 대장은 제보자의 손을 굳게 잡았다.

다음 날, 일주일마다 발행되는 〈통신문〉에는 만복건설이 전 오성시장에게 뇌물을 주었다는 기사가 실렸다. 그 기사를 본 뉴스와 다른 신문 기자들이 오성시장 후보로 나선 표만복을 인

터뷰하고 추가로 뉴스를 쏟아 냈다.

10시. 통신문사에 '오성보호대' 회원 100여 명이 몰려들었다. 그들은 '거짓 언론 통신문은 사과해라!' '표만복은 죄가 없다!' '지방자치제도를 무너뜨리는 통신문!' 등의 구호를 외쳤다. 책상과 의자를 뒤집고 날달걀과 페인트를 벽에 던졌다. 경찰들이 출동해서 사무실 밖으로 내몰았지만, 여전히 신문사 문을 발로 차며 거세게 항의했다.

"아~, 5개월 만이네요. 이런 항의를 받은 게."

호리병이 유리창에 붙은 달걀 찌꺼기를 떼어 내며 한숨을 쉬었다.

"그러게. 전 오성시장의 잘못을 폭로했을 때도 오성보호대에서 몰려와 항의했지."

"아~, 오성시장이 법을 어긴 것은 사실로 밝혀졌잖아요. 통신문은 오성시를 위해 사실을 보도한 건데 왜들 저러는 걸까요? 아이참~, 정말 억울해."

"이번 선거 특별호만 다 만들면, 다음 호 신문에서는 오성보호대라는 단체가 어떤 단체인지도 밝혀 보죠. 정체가 뭔지 정말 궁금합니다."

제갈윤이 부서질 듯 흔들리는 문을 보며 얼굴을 찡그렸다.

그때, 두 대의 전화벨이 거의 동시에 울렸다.

"만복건설이, 우리 통신문이 거짓 기사를 보도했다며 검찰에 고발했답니다."

"표만복 후보의 선거 사무실에서 공정 선거를 방해했다며 우리 신문이랑 황소 부장님을 고발했답니다."

"나 참, 우리는 시청이랑 제보자한테 확인한 사실을 보도한 것뿐인데……."

그때 통 대장의 휴대전화가 울렸다.

"나, 표만복이네. 통클럽 초대 회장. 우리가 얼마나 친한 사이인데 이런 가짜 기사를 써서 날 괴롭히는 건가?"

"벌써 저희를 고발하셨더군요. 그러니 기사가 진실인지, 거짓인지는 법원에서 밝혀지겠지요."

"조심해. 날 우습게 보면 큰코다칠 거야. 참, 요즘엔 이런저런 사고로 다치는 사람도 많더라고. 내가 아직 자네를 좋아해서 미리 경고하는 거야. 내 마음, 잘 알지?"

표만복은 낮은 목소리로 위협했다. 하지만 곧 아무 일도 없다는 듯 크게 웃으며 말했다.

"크하하하. 놀랐지? 농담이야, 농담!"

그러더니 전화를 끊었다.

"표만복 후보인가요?"

한별님이 물었다. 하지만 통 대장은 아무 말 없이 끊긴 휴대전화만 뚫어지게 노려보았다.

두어 시간쯤 지나자, 통신문사 밖에서 시위하던 오성보호대가 뿔뿔이 흩어졌다.

"아~, 이제야 조용해졌네요. 아~, 이제 다시 일을 시작해 볼까요?"

호리병이 무거운 분위기를 바꾸려는 듯 과장되게 벌떡 일어났다. 그 바람에 의자가 뒤로 쫘당 넘어졌다. 하지만 아무도 웃지 않았다.

요즘엔 이야기 속의 대학생처럼 선거에 참여해서 투표한 후 인증 사진을 찍는 사람이 많대요. 그런데 정말 사진을 찍을 때 브이 자를 표시하면 안 되나요?

우리나라는 대의민주주의 국가여서 국민이 직접 정치를 하지 않지? 그렇기 때문에 나를 대신해서 정치할 대표를 뽑는 것은 아주 중요한 일이야. 또 국민이 정치에 참여하는 가장 대표적인 방법이 선거이기도 하지.

그렇기에 선거는 공정해야 해. 그래서 선거를 공정하게 치루기 위한 원칙들을 정했어. 바로 선거의 4대 원칙이지. 4대 원칙은 보통선거, 비밀선거, 평등선거, 직접선거야. 대학생이 손가락으로 브이 자를 그린 사진을 인터넷에 올리는 것은 비밀선거를 어기는 거야. 손가락 모양이 마치 2번 후보에게 투표했다는 것 같고, 다른 사람들에게 2번 후보를 홍보하는 것 같으니까.

그럼 선거의 4대 원칙에 대해 조금 더 알아볼까?

보통선거의 역사는 민주주의의 역사와 같아. 예전엔 왕이나 양반, 귀족 등 몇몇 사람만이 나라를 다스렸다고 했지? 하지만 점차 모든

투표 인증사진 찍을 때 하면 안 되는 것

1. 손으로 숫자 표시

2. 숫자 적힌 옷 입기

3. 선거 벽보 앞에서 사진찍기

4. 투표용지 찍기

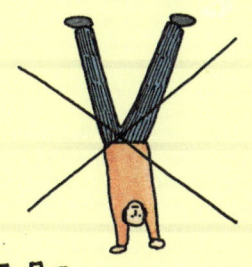
5. 물구나무로 V자 하기

국민이 국가의 주인이라고 생각하는 민주주의가 자랐지. 그래서 누구나 정치에 참여할 권리가 생겼어. 하지만 모든 국민이 직접 정치를 할 수는 없었어. 그래서 국민은 자신을 대신해서 정치할 대표자를 선거를 통해서 뽑기로 했어.

 이렇게 대표를 뽑는 선거에 누구나 참여할 수 있는 것이 보통선거야. 재산이나 신분, 남자, 여자에 상관없이 누구나 선거에 참여할 수 있다는 거지. 단, 법으로 정한 나이가 되어야만 선거에 참여할 수 있어. 2017년 현재, 우리나라는 만 19세가 넘으면 누구나 선거에 참여할 수 있어.

비밀선거는 자신이 어떤 후보를 선택했는지를 비밀로 지켜 주는 거야. 만약 이웃집 아저씨가 후보로 나왔는데, 나는 다른 후보를 뽑고 싶어. 이럴 때 내가 다른 후보를 뽑은 것을 이웃집 아저씨가 알 수 있다면, 내가 다른 후보를 뽑기 힘들 수도 있잖아.

평등선거는 보통선거와 혼동할 수 있어. 재산, 신분, 학력, 남자, 여자와 상관없이 모든 사람이 평등하게 한 표씩만 투표할 수 있다는 원칙이야.

직접선거는 유권자(투표할 권리가 있는 사람)가 직접 투표를 하는 거야. 선거일에 바빠서 또는 아파서 투표를 못 할 경우, 그 사람을 대신해서 다른 사람이 투표할 수 없다는 원칙이란다.

이야기 속에서 처음 들어 본 말이 있었어요. '지방자치'라는 말이 나오던데, 그게 뭔가요?

'지방'은 우리가 사는 지역사회를 말해. 우리가 실제로 살고 있는 지역이지. 서울은 우리나라의 수도니까 지방이 아니라고? 그렇지 않아. 서울 역시 '서울'이라는 지방이야. 그리고 '자치'는 스스로를 다스린다는 뜻이야. 결국 지방자치는 각 지역에 사는 사람들이 자기가 사는 지역을 스스로 다스리는 거야. 이런 제도를 지방자치제도라고 하는 것이고.

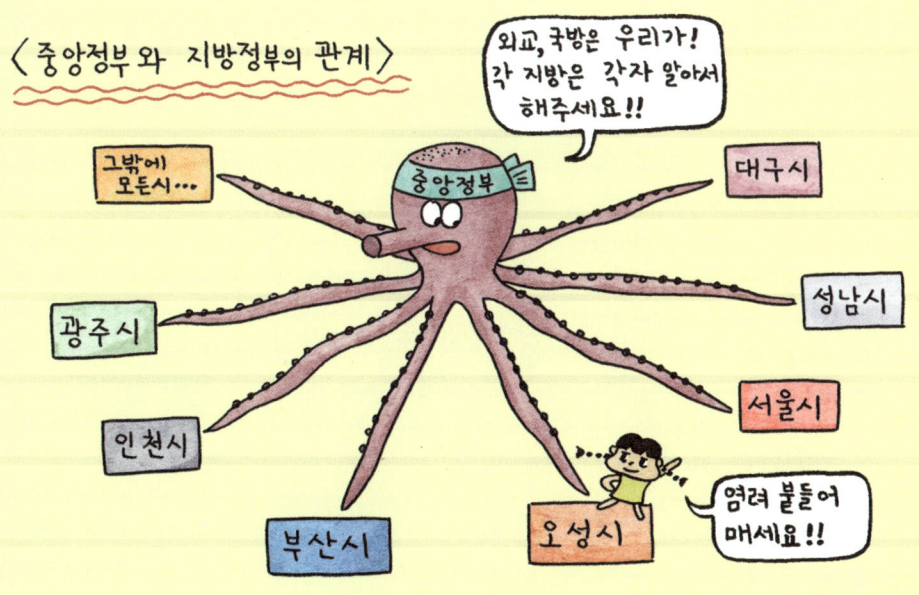

하지만 지방자치제도라 해도 모든 주민이 직접 나서서 지역사회를 다스릴 수는 없어. 그래서 그 지역의 정치를 맡길 대표(도지사, 시장, 구청장, 군수, 도의원, 시의원)를 뽑지. 이 선거를 지방선거라고 해. 오성시장을 뽑는 것도 지방선거야.

각 지방을 다스릴 대표가 있는데 왜 대통령과 국회의원이 또 필요하냐고? 대통령, 국회의원, 행정부를 중앙정부라고 해. 중앙정부는 외교와 국방처럼 국가 전체에 관련된 일을 하고, 국민 모두가 지켜야 하는 법을 만들지.

사실 중앙정부와 지방정부는 비슷해. 나라에 필요한 법을 만드는 국회처럼, 지방에는 지방의회가 있어. 예를 들면, 경기도의회, 서울

시의회 등이야. 지방의회는 자기 지역의 일을 의논하고 결정해. 또 지역자치단체가 하는 일을 감시하기도 하지. 나라의 대표인 대통령처럼 각 지방마다 그 지역의 단체장도 있어. 도에는 도지사, 시에는 시장, 구에는 구청장, 군에는 군수가 있어서 그 지역의 살림을 책임지지.

나라 전체를 다스리는 중앙정부가 있는데, 왜 지방자치까지 하는 걸까? 그건 자기 지역은 그 지역에 사는 사람이 가장 잘 알고 있기 때문이야. 그래서 지역에서 꼭 필요한 일을 하고, 지역의 문제도 쉽게 해결할 수 있지.

지방자치제도는 대의민주주의의 단점을 보완하는 거야. 뭐? 지방도 각 지역의 대표가 다스리니까 결국 대의민주주의 아니냐고? 그렇게 생각할 수도 있지만, 지방자치제도에서는 중앙정부가 다스리는 것보다 주민이 그 지역의 일에 참여할 기회가 훨씬 더 많아. 그리고 자기가 사는 지방의 대표들이 비리를 저지르거나, 일을 잘 못 하면 주민소환제로 물러나게 할 수도 있어.

지방정부는 그 지방에 필요한 일을 주민들에게 묻고 결정해. 자기 생활 속에서 민주주의를 실현하는 거야. 그래서 지방자치를 민주주의의 학교, 풀뿌리 민주주의라고도 불러. 또 이 제도를 통해 중앙정부로부터 독립적으로 지방을 다스릴 수 있기 때문에 권력이 나뉘는 효과도 있어.

우리나라는 민주주의를 지키기 위해 5가지 '민주주의의 원리'를 세우고 있어. 국민주권·삼권분립·입헌주의·대의민주주의·지방자치의 원리야.

나라의 주권이 국민에게 있다는 국민주권의 원리, 독재할 수 없도록 국가의 권력을 입법부(국회), 행정부, 사법부가 나누어 갖는 삼권분립의 원리가 있어. 또 정치인들이 자기 마음대로 나라를 다스리지 못하도록 헌법에 따라 정치를 해야 한다는 입헌주의의 원리, 국민이 직접 정치에 참여할 수 없으니 국민이 선거로 대표를 뽑고 그 대표가 정치를 하는 대의민주주의의 원리, 그리고 위에서 알아본 지방자치의 원리가 바로, 민주주의의 5가지 원리야.

이것만은 기억하자!

나라 전체의 일을 맡아보는 중앙정부와 각 지방의 일을 담당하는 지방정부가 있다.

1. 국민을 대신해서 나라를 다스릴 대표를 뽑는 것이 선거다.
2. 지방자치제도는 민주주의의 원리 중 하나이다.
3. 공정한 선거를 위해 보통선거, 비밀선거, 평등선거, 직접선거의 원칙을 지켜야 한다.

과열되는 선거 운동

"하지야, 보고 싶었다."

한별님이 황송하지를 반겼다.

"그저께 봤잖아요."

"매일 보다가 하루 못 보니까 너무 그리웠어."

"맞아. 나도 엄청 보고 싶었다고. 봐, 내 눈 빨갛지? 너무 보고 싶어서 울었다 하지."

"피! 바빠서 잠을 못 주무신 거잖아요."

황송하지도 한별님과 제갈윤이 반겨 주는 게 기뻤지만, 괜히 샐쭉한 표정을 지었다.

"오늘은 나랑 같이 취재를 가자. 후보들의 선거 유세를 취재할 거야."

한별님은 황송하지를 데리고 김수현의 유세장부터 찾았다. 황송하지가 김수현을 보고 싶어 했기 때문이다.

"김수현 후보는 목소리도 참 멋져요."

황송하지가 유세차에서 마이크를 잡고 유세하는 김수현을 보며 말했다.

"키도 훤칠하고, 날씬하고, 정말 멋져요."

한별님은 황송하지의 손을 잡고 유세차 앞으로 다가갔다.

"아빠랑 같이 김수현 후보를 보러 왔구나?"

'기호 1번 김수현'이라 적힌 티셔츠를 입은 선거 운동원이 황송하지에게 말을 걸었다. 황송하지는 고개를 끄덕였다. 잠입취재를 하고 있으니, 한별님이 자기 아빠가 아니라고 말할 수 없었다.

선거 운동원이 황송하지에게 말을 거는 동안, 한별님은 앞으로 계속 걸어가서 두 사람의 거리가 멀어졌다.

"김수현 후보처럼 잘생긴 후보가 오성시장이 되면 참 멋있겠지? 그런데 엄마 아빠가 뽑아 주셔야 우리 김수현 후보가 시장이 되는 거야. 그러니 부모님께 꼭 김수현 후보를 뽑으라고 말씀드려야 돼. 알았지?"

"네. 아, 안 돼요. 우리 부모님이 원하는 후보를 뽑으실 거예요."

황송하지는 선거 운동원에게 고개를 끄덕이다 말고, 열심히 고개를 저었다. 그러고는 냉큼 한별님을 뒤쫓아 갔다. 황송하지가 한별님의 손을 잡자, 한별님이 황송하지를 보며 웃었다.

"이곳은 특별한 일이 없는 거 같아. 이번엔 표만복 후보한테 가 볼까?"

한별님과 황송하지는 표만복의 유세장으로 향했다.

"하지야, 이곳에서는 절대 우리가 통신문에서 나온 것을 들키면 안 된다. 우리는 잠입취재를 하는 중이니까."

한별님이 황송하지에게 윙크했다.

"네. 조심할게요."

황송하지는 가슴이 두근거렸다. 얼마 전만 해도 표만복 아저씨랑 뷔페에 가서 맛있는 음식을 함께 먹었는데 갑자기 어색하고 멀게 느껴졌다. 게다가 표만복은 친구 표만희의 아빠이기도 하다.

유세장에 도착하자, 갑자기 비가 쏟아졌다. 그래서인지 유세장에 있던 사람들이 삼삼오오 흩어지고 있었다.

"이런! 너무 늦게 왔나?"

한별님은 유세장을 떠나는 표만복의 유세차를 보며 당황했다.

"하지야, 그만 가……. 어? 하지야, 하지야!"

한별님은 흩어지는 사람들 사이로 황송하지를 찾아다녔다. 분명 옆에 있었는데 황송하지가 사라지고 없었다. 한별님은 우산을 쓴 사람들 사이를 헤치고 다니며 하지를 불렀다.

"저기요. 혹시, 통통한 여자애 찾는 거 아니에요? 빨간 티셔츠에 청치마를 입은……."

지나가던 아주머니가 한별님을 불렀다.

"그 여자애가 저기 〈숯불로 갈비〉에 들어갔어요. 어린애가 혼자 들어가기에 눈여겨봤어요."

한별님은 아주머니가 가리키는 갈빗집으로 달려갔다. 식당에 가까이 다가갈수록 빗방울 사이로 고소하고 달콤한 갈비 냄새가 퍼져 나왔다. 꿀꺽 하고 저절로 군침이 넘어갔다. 한별님은 문이 열린 가게 안으로 들어갔다.

"삼촌!"

갈빗집 구석, 식탁 앞에서 황송하지가 손을 흔들었다. 식탁에선 이미 불판 가득 갈비가 구워지고 있었다.

"하지야, 너 여기서 뭐하는 거야?"

"죄송해요. 저도 모르게 갈비 냄새에 이끌려 여기까지 들어왔어요. 그런데 갈빗집 사장님이 여기에 앉으라고 하고는 갈비를 구워 줬어요. 여기 있는 다른 사람들도 모두 공짜로 먹는 거예요."

"뭐?"

한별님은 그제야 주위를 둘러봤다. 표만복의 유세장에 있던 사람들이 식탁마다 앉아서 갈비를 먹고 있었다.

"앉으세요. 여기 앉아서 갈비를 실컷 드십시오. 이렇게 비까지 오는데, 우리 표만복 후보를 지지하러 나와 주신 분들께 제가 한턱 내는 겁니다."

갈빗집 주인이 한별님을 황송하지 맞은편 의자에 앉혔다. 진한 냄새를 풍기며 지글지글 구워지고 있는 갈비 앞에서 한별님

은 얼굴이 굳어졌다.

"하지야, 이건 법을 어기는 거야. 어떤 선거에서도 후보가 주는 선물이나 돈, 먹을 것을 받으면 안 돼."

"죄송해요, 삼촌. 저, 이거 안 먹을게요."

황송하지가 젓가락을 내려놓고는 자리에서 일어났다.

한별님은 아무도 모르게 〈숯불로 갈비〉 안을 찍었다. 표만복 후보를 좋아하는 갈빗집 주인이 유권자들에게 공짜로 먹을 것을 대접한다는 것을 믿을 수 없었다. 표만복 후보의 선거 운동원이 관련되어 있을 것이 분명했다. 불법선거 운동은 신문으로 알려야 했다.

"이제는 절대, 갈비 냄새에 끌려다니지 않을게요. 약속!"

황송하지는 굳은 표정으로 한별님에게 새끼손가락을 내밀었다.

"하하하. 그래, 약속!"

한별님이 황송하지와 새끼손가락을 걸며 웃었다. 두 사람은 근처 다른 갈비 식당에서 갈비 7인분을 먹은 후, 통신문사로 돌아왔다.

"취재는 이제 다 끝났으니 얼른 기사를 쓰라고. 마감은 오후

10시야."

〈오성시장 보궐선거 특별호〉에 실릴 기사를 쓰고, 사진을 고르고, 제목을 정해야 했다. 통신문 기자들은 책상 앞에 앉아 그동안 취재했던 내용을 기사로 정리하기 시작했다. 통 대장은 표만복, 최민중 후보를 인터뷰한 기사를, 호리병은 김수현 후보를 취재한 기사를 썼다. 한별님은 그동안의 선거 운동 과정과 오성시 유권자들이 선거에 얼마나 관심이 있는지, 또 투표율이 어느 정도일지를 전망하는 기사를 썼다. 제갈윤은 만복건설이 저지른 비리를 통신문에서 폭로하자, 표만복의 지지자들이 통신문으로 몰려와 항의했던 일을 기사로 썼다.

"아~ 정말, 이렇게 피곤한데 왜 살은 빠지지 않는 걸까요? 아~ 정말, 하늘이 노래요."

호리병이 자리에서 일어나 좌우로 허리를 돌리며 중얼거렸다.

"앗싸! 다 썼다!"

곧이어 통 대장도 벌떡 일어나 만세를 불렀다. 제갈윤과 한별님도 기사를 다 썼다. 통 대장은 전체 기사를 검토했다.

"특별호를 만드느라 다들 고생했어."

통 대장이 기자들을 둘러보며 말했다. 벽시계는 이미 새벽 2시를 지나고 있었다.

"우리 통신문이 오성시 유권자들이 좋은 후보를 선택하는 데 도움이 되면 더 바랄 게 없어요."

"그렇지. 그 정신, 오성 시민에게 도움이 되는 언론, 정직한 언론이 되겠다는 그 정신이 필요한 거야."

"지금은 바른 언론인이 되겠다는 정신보다는 먹을 것이 더 필요합니다. 간절히!"

제갈윤의 말에, 기자들은 누가 먼저랄 것도 없이 새벽까지 문을 여는 야식집에 배달 전화를 걸었다. 이제 그들은 특별호가 인쇄되어 독자들에게 전달될 때까지 마음껏 야식을 먹으며 기다릴 것이다.

 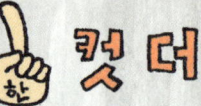 

국민이 정치에 참여하는 방법은 선거에 참여해서 투표하는 거잖아요? 선거는 4년마다 한 번씩만 하고요. 정치에 참여할 기회가 너무 적은 것 아닌가요?

선거에 참여하는 것만으로는 국민의 뜻을 정부나 정치인에게 알리기에 부족해. 이것이 대의민주주의의 한계이기도 하지. 그래서 정치에 참여할 다양한 방법이 생기고 있어. 대의민주주의를 하되, 직접민주주의의 장점을 더하는 거야.

대표적인 방법으로 국민투표가 있어. 국가의 중요한 문제를 국민이 찬성/반대 투표를 해서 결정하는 거야. 앞에서 알아본 것처럼, 지방자치제도 역시 주민이 정치에 참여할 기회를 더 넓혀 주는 제도이지. 그리고 주민소환제도 있어. 국민이 선거로 뽑은 지방자치단체의 장과 지방의회의 의원이 주민의 뜻에 맞지 않으면, 주민소환제로 파면(자리에서 내쫓는 것)시킬 수 있어. 이야기에서 오성 시민들은 오성 시장을 주민소환제를 이용해 시장 자리에서 내몰았지.

이런 방법 외에도, 인터넷을 통해 청와대나 국회의원, 각 정당과 정부 기관의 홈페이지에 자기 의견을 밝힐 수 있어. 또 자신과 같은

나부터 정치에 동참할 것임!

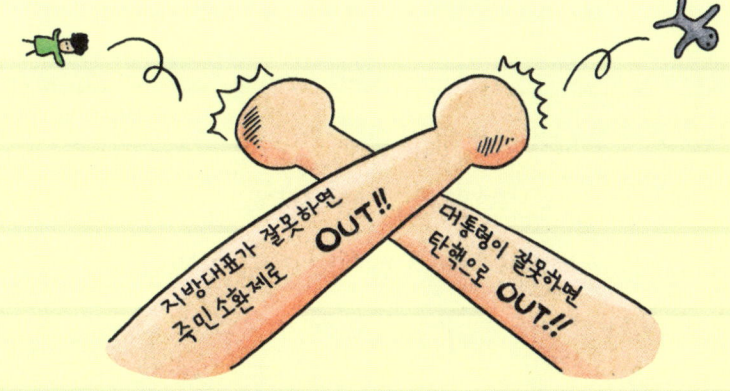

생각을 가진 사람들끼리 모여 시민단체를 만들거나, 관련 단체에 가입해서 활동할 수도 있어. 환경, 인권, 노동, 소비자, 경제 등과 관련한 시민단체들이 활발하게 활동하고 있지. 또 자기가 지지하는 정당에 가입할 수도 있고, 집회에 참여해서 정부에 자신의 의견을 표현할 수도 있어. 더 적극적으로 정치에 참여하는 방법도 있어. 우리가 정치인이 되는 거야.

어떤 사람은 선거에 참여하거나 자기 의견을 표현하지도 않고, 국가에서 어떤 일이 벌어지는지 관심도 없어. 국가랑 자신이 아무 상관없다고 생각하는 거지. 하지만 그렇지 않아. 국가는 나에게 아주 큰 영향을 미쳐. 그러니 자신과 가족, 주위 사람들이 안전하고 행복하게, 다른 사람들에게 존중받으며 살기 위해서는 정치에 관심을 가지고 적극적으로 참여해야 해. 국가의 주인은 나와 너, 우리니까 말이야.

이야기에서 선거 운동원이나 후보를 지지하는 사람이 유권자에게 갈비를 사 주잖아요. 그래도 되나요?

절대 그래선 안 되지. 후보들은 법에 정해진 대로 정정당당하게 선거 운동을 해서 유권자들에게 선택받아야 해.

우리나라의 선거 역사는 불과 수십 년밖에 안 돼. 처음으로 국민이 직접 대표를 뽑는 선거가 1948년에 있었던 첫 번째 국회의원 선거였어. 첫 번째 대통령은 국민이 직접 뽑지 않았지. 그때만 해도 우리나라 국민은 민주주의 국가의 국민으로서 가져야 할 권리와 의무를 잘 몰랐던 것 같아. 그래서 불법 선거가 아주 심했어.

1960년 3월 15일, 제4대 대통령과 부통령(당시엔 부통령도 있었어.)을 뽑는 선거가 있었어. 제3대 대통령은 이승만이었는데, 이승만은 또 대통령이 되고 싶었어. 그래서 선거일까지 마음대로 바꿨지. 그런데 경쟁 후보가 갑자기 사망해서 이승만은 저절로 대통령이 되었어. 문제는 부통령 선거였어. 이승만은 자신과 친한 사람을 부통령으로

뽑고 싶었던 거야. 그래서 공개 투표를 하게 하고, 투표함에 가짜 투표 용지를 넣기까지 했어. 이 일로 4·19혁명이 일어났고, 결국 이승만 대통령은 쫓겨났어. 이 사건을 3·15부정선거라고 해. 그 후, 공정한 선거를 하기 위해 선거관리위원회를 만들었어.

선거관리위원회는 국회의원, 대통령, 도지사·시장·구청장·군수 등의 지방자치단체장, 지방의회 의원 등을 뽑는 선거를 관리해. 선거관리위원회는 누구의 간섭도 받지 않고 독립적으로 일해.

우리도 선거가 공정하게 진행되는지 관심을 가져야 해. 후보들에게 음식, 선물, 돈 등을 받아서도 안 되고, 선거관리위원회에 자신이 선거 운동에 참여할 거라는 사실을 알리지 않고 선거 운동을 해서도 안 돼.

후보들을 잘 살펴서 정말 능력 있고, 열심히, 또 정직하게 일할 대표를 뽑아야 해. 우리는 성숙한 민주 시민이니까.

이것만은 기억하자!

국민이 정치에 참여하는 방법은 여러 가지가 있다.

1. 선거, 국민투표, 주민소환제로 정치에 참여할 수 있다.
2. 신문, 인터넷 등을 이용해 자신의 의견을 표현하고, 시민단체와 정당 등에 가입해서 활동할 수 있다.
3. 자신이 직접 대통령, 국회의원, 지방자치단체장 등이 되어 정치에 참여할 수 있다.

통 신문 특별호

통신문 제165호 4월 3째 주

4월 10일, OBC방송국에서 주최하는 '오성시 보궐선거 후보 토론회'에 앞서 후보들이 함께 손을 들어 인사하고 있다.

4월 20일 새 오성시장을 뽑는다

4월 20일 오성시에서는 새로운 시장을 선출하는 보궐선거가 있다. 전 시장이 비리를 저질러서 구속된 지 6개월 만이다.

4월 1일, 보호당의 김수현, 주민당의 최민중, 무소속의 표만복 후보가 후보자 등록을 마쳤으며, 현재까지 세 후보는 새로운 오성시장이 되기 위해 혼신의 노력을 다하고 있다. 오성 시민의 관심도 높다. 10일 있었던 '오성시 보궐선거 후보 토론회'의 시청률이 예상보다 훨씬 높게 나타났고, 16일 치러진 사전선거 투표율 역시 지금까지의 어느 선거 때보다 높았다. 이는 지난 선거에서 투표를 제대로 하지 못했기 때문에 비리를 저지르는 부도덕한 사람이 시장으로 뽑혔다는 반성과 함께, 이번엔 반드시 제대로 된 시장을 뽑아야 한다는 결심의 반영이기도 하다.

4월 20일, 누가 오성 시민의 선택을 받을 것인가? 새 오성시장에 대한 기대가 높다.

〈통신문 칼럼〉 오성시의 미래는 우리가 선택한다

오성시는 아름답고 깨끗한 산과 바다, 풍요로운 논과 밭이 어우러진 곳이다. 정의롭지 않은 일엔 용감하게 싸우고, 이웃의 아픔엔 따뜻한 위로와 도움을 아끼지 않는 시민들이 사는 곳이다. 오성시의 언론이 권력자나 돈 많은 사람들에게 좌지우지되지 않도록 〈통신문〉을 만든 것도 바로 오성 시민이다. 언론이 공정해야 민주주의가 발전하고, 결국은 시민이 행복한 나라가 될 수 있다는 믿음 때문이다. 이런 멋진 시민들과 함께 오성시에 사는 것은 나의 자랑이다.

그러나 작년 10월, 전 시장이 여러 기업들에게 뇌물을 받아서 구속되는 사건이 있었다. 성숙한 오성 시민이라는 자부심은 큰 상처를 입었다. 지난 6개월간 오성시는 선장 없는 배처럼 속절없이 바닷물에 떠밀려 다녔다.

4월 20일, 오성시장 보궐선거가 있다. 공정하고 풍요로운 미래를 향해 오성시라는 큰 배를 이끌 선장을 뽑는다. 오성시를 이끌겠다고 보호당 김수현, 주민당 최민중, 무소속의 표만복 후보가 나섰다.

누구는 오성시를 부유한 도시로 만들 후보를 뽑겠다고 한다. 또 누구는

공정선거 시민감시단 김시민 단장

오성시를 더 자유롭고 공평한 도시로 만들 후보를 뽑겠다고 한다. 다른 자치단체장들과 나란히 섰을 때 돋보이는 잘생긴 후보를 뽑겠다는 사람도 있다. 하지만 투표소에 들어가기 전에 한 번만 더 고민하길 바란다. '내 가족이 살고 싶은 오성시를 이끌 사람이 누구인지'를 말이다.

그러니 꼭 투표에 참여하자. '누가 시장이 되든지 일단 시장이 되고 나면 다 나쁜 짓을 하고 시민을 속일 거야.'라고 말하지 말자. '나 하나쯤 투표를 안 해도 되겠지?'라고 생각하지도 말자. 오성시의 주인은 오성 시민이다. 우리에겐, 오성 시민의 행복과 오성시의 발전을 위해 봉사할 시장을 뽑을 권리와 의무가 있다.

4월 20일, 투표장으로 나의 소중한 한 표를 행사하러 나가자!

4.20선거를 앞두고 각 후보들이 유권자들을 만나 지지를 호소하고 있다.

4.20선거, 이렇게 진행된다

4월 1일, 오성시장 보궐선거 후보자 등록을 하는 것으로 오성시장이 되기 위한 후보들의 본격적인 경주가 시작되었다. 보호당의 김수현, 주민당의 최민중, 무소속의 표만복이 4.20선거에 출사표를 던졌다.

후보들은 4월 7일부터 치열한 선거운동을 벌였다. 유권자가 있는 곳이라면 어디라도 달려갔다. 흥겨운 율동과 함께 선거송을 만들어 유권자에게 자신과 공약을 알렸다.

4월 16일에는 오성시 각 지역에서 사전투표가 있었다. 유권자의 18%가 사전투표한 것으로 집계되었다.

선거를 하루 앞둔 오늘까지 세 후보는 남은 힘을 모두 짜내어 오성시 유권자를 만나 지지를 호소하고 있다.

4월 20일 오전 6시부터 오후 6시까지 투표가 진행된다.

오성 선거관리위원회는 투표가 끝나는 오후 6시 정각, 각 투표소에서 신정동체육관으로 투표함을 옮겨서 개표를 시작한다. 같은 날 오후 10시경에는 누가 새 오성시장으로 당선될지 결과가 드러날 것이다.

개표가 되는 현장 보도는 오성시 홈페이지에서 실시간으로 진행된다.

4.20 오성시장 보궐선거 후보자를 만났다

〈통신문〉은 후보들을 만나 인터뷰를 진행하며 아래 질문을 했다. 후보들의 대답을 소개한다.

오성시장이 되려는 이유는 무엇입니까?

김수현(44) 보호당
- 하버드대 졸업
- 전 방송인
- 32억 2천만 원

시장이 되면 오성시의 복지 정책부터 바꿀 것입니다. 복지 정책을 하려면 돈이 필요한데, 그 돈은 시민들이 냅니다. 특히 부자들이 훨씬 많이 냅니다. 가난한 분들에게 복지 혜택을 드리기 위해 부자들에게 세금을 많이 내라고 하는 건 공평하지 않습니다. 돈이 많은 것은 죄가 아닙니다.
저는 오성 시민이 똑같이 세금을 내는 공평한 시로 만들겠습니다.

상대 후보의 장점과 단점은 무엇입니까?

 최민중

장점 대학생 때부터 우리나라의 민주화를 위해 싸운 분이죠. 우리나라에 대한 사랑이 아주 큰 분입니다.
단점 온 가족이 신용 불량일 만큼 경제에 대한 개념이 부족합니다. 오성시 경제도 망하게 만들까 봐 걱정입니다.

 표만복

장점 어려운 가정 형편에도 불구하고 열심히 일해서 지금은 성공한 사업가가 되셨지요. 성실함과 끈기가 있는 분입니다.
단점 조선시대에나 어울릴 법한 생각을 가진 분이죠. 또 국민은 정치인의 명령을 따라야 한다고 믿는 독재자 같고요.

최민중(52) 주민당
- 명석대 중퇴
- 제15대 국회의원
- 218만 원

민주주의를 시작한 역사가 짧은데도 우리나라만큼이나 민주주의를 실천하고 있는 나라도 드뭅니다. 하지만 국가의 주인이 국민이라는 것을 모르는 분도 많은 것 같아요. 오성시도 마찬가지일 겁니다.

저는 오성 시민의 일꾼이 되겠습니다. 저를 오성시장으로 뽑아 주시면, 시민 여러분 한 분 한 분이 오성시의 진정한 주인이라는 것을 느낄 수 있게 하겠습니다.

김수현

장점 젊고 열정이 많은 분이에요. 또 순수하신 분인 듯합니다.
단점 부자와 가난한 사람이 똑같이 세금을 내는 것은 공평한 게 아니죠. 어린이와 어른이 팔씨름을 하는 것처럼 말이죠. 공평함이 무엇인지 모르는 것 같습니다.

표만복

장점 오성시에 대한 애정이 깊은 분입니다. 혼자 힘으로 기업을 일군 성실하고 재주도 좋은 분입니다.
단점 행복의 기준도 돈이고, 성공의 기준도 돈이라 생각하는 듯합니다. 자유나 평등보다 돈이 중요할 수는 없는데 말입니다.

표만복(50) 무소속
- 오성초교 졸업
- 만복건설 대표
- 2078억 9천만 원

저는 오성시를 올바른 도시로 만들겠습니다. 오성시를 나라에 충성하고, 부모에게 효도하고, 가족간에 화목한 시민들이 사는 도시로 만들겠습니다.

정치는 남보다 뛰어난 사람이 해야 합니다. 저는 사업을 해서 돈을 많이 벌었습니다. 누구보다 뛰어난 사업가입니다. 정치도 성공할 자신이 있습니다.

김수현

장점 얼굴이 잘생겼습니다. 목소리가 좋습니다. 나이가 젊습니다.
단점 군대에 가지 않을 만큼 국민의 의무를 다하지 않고, 부유한 부모님 덕에 편하게만 살아온 나약한 사람입니다.

최민중

장점 대학생일 때, 우리나라의 민주화를 위해 애쓰다 수감되기도 했죠. 국가와 국민을 위해 희생하는 분입니다.
단점 오성시에는 민주주의가 잘 이루어지고 있습니다. 지금은 오성시를 부자 도시로 만들어 줄 시장이 필요한데, 최 후보는 경제를 모르는 것 같습니다.

편집후기